# 햇살을 찾아
# 하늘로 오르며

한효순 시인 제3시집

월간모던포엠출판부
도서출판 **채 운 재**

## 저자의 말

인생 2막을 준비하면서
지나온 시간의 얽힌 타래 속에서 출구를 찾아봅니다.
반평생 몸담았던 일터를 떠난다는 아쉬움.
그보다 행복했다는 마음이 훨씬 큰 것은
좋은 사람들과의 인연 때문인 것 같습니다.

32년이라는 세월
최선을 다해 쌓아 온 작은 탑이
내겐
무엇과도 바꿀 수 없는 귀한 보물이 되어
남은 인생 꼭 끌어안고 가야할 것 같고,
내 글의 끝에 묻어나는 그리움 또한 어쩔 수 없는 굴레인 것 같습니다.

내 곁에 머문 사람과 이젠 떠나버린 사람들.
모두에게 하늘이 맺어 준 인연에 감사하며, 이젠 세상에 진 빚을
조금씩 갚아가며 하루하루 감사로 채울 수 있게 되기를 바랍니다.

감사한 마음
행복한 마음
떨쳐버릴 수 없는 1막의 따뜻함을 마음에 담아
떨리는 마음으로 내 인생의 2막을 열려 합니다.

훌훌 벗어버리고 자신을 위한 시간을 가지고 조금씩 변화하며
발전하는 나를, 늘 그렇듯 받은 사랑 나누며 더불어 사는 삶을
꿈꾸는 나를 그려 봅니다.

　서툰 글 놀이에 용기를 주신 분들. 처진 어깨 다독이며 위로해주시고,
환한 미소로 길을 재촉해 주신 모든 분들께 감사드립니다.
　세 번째 시집을 내면서 부끄러움이 더 커지는 것은 쓰면 쓸수록 보이는
헛점이 확대되기 때문인가 봅니다.

　내 삶의 버팀목이 되어 지금껏 나를 이끌어주신 우리 엄마.
　병환 중에 계신 엄마에게 당신의 큰 딸이 뒤늦은 고백을 합니다.
　"엄마. 사랑해. 그리고 고마워…….
　또한, 늘 울타리처럼 든든한 우리 가족들,
　변함없이 나를 지켜주는 친구에게도 고마운 마음 전합니다.

2011년 늦가을 어느 날
사무실에서 한효순

| 차례 |

저자의 말 · 2

## 제1부 | 햇살을 찾아 하늘로 오르며

어쩌면 좋아 · 10
손이 시리다 · 12
그림자의 반란 · 13
어디로 가는가 · 14
가을의 등 뒤에서 · 15
너의 이름 · 16
기다림의 여운 · 17
가을은 · 18
가을은 –두 번째 이야기 · 19
어느 날 밤 · 20
비 지난 자리 · 21
기찻길 · 22
걱정하지 말아요 · 23
詩 · 24
길 위에서 · 25
길 위에서. 2 · 26
네가 있어 · 27
내 가슴의 해묵은 얘기 · 28
언젠가 만나면 그때 · 29
똬리 끈 입에 물고 · 30
어떤 일이 있었을까 · 31
그럴 수 없을까 · 32

# 제2부 | 붉게 물든 노을로 점 하나 찍으며

눈을 맞으며 가는 길 · 34
눈을 감아요 · 35
그냥 이대로 · 36
그런 줄 몰랐어 · 38
소리쳐 봐 · 39
차 한 잔 하실래요 · 40
12월의 창가엔 · 41
내 글의 끝에는 · 42
당신의 날개가 되어 드리겠습니다 · 44
부지깽이 심사 · 46
엄마 가슴 · 47
우물에 담긴 하늘 · 48
비 오는 날엔 바다가 보고 싶다 · 49
마침표 · 50
이쯤에서 · 52
그리움의 몸짓 · 53
다가서려 하는데 · 54
나에게 너는 · 55
기도 · 56
평가 · 58
세상은 · 59
그 사람이 아프데요 · 60
혼자라도 좋다 · 62
어둠이 내리는 길목에서 · 64
독백 · 65
찌뿌둥한 날 · 66

# 제3부 | 마음에 부는 바람

그림자 놀이 · 68
마른 가슴의 절규 · 69
빈자리 · 70
기억 속에서 · 71
단풍잎 하나 · 72
잃어버린 꿈 · 74
기억 속에서 · 76
비에 젖는 아침 · 77
가을 안개 · 78
그런가 봐 · 79
마음 · 80
저녁 놀 · 81
마지막 날 · 82
파도 · 84
밤의 소리 · 86
11월이 오면 · 87
나. 그리고 너 · 88
오늘 · 90
어느 날 아침 · 91
그래도 내겐 · 92
섣달 상념 · 93
그리운 이여 · 94
생각만 해도 · 96

## 제4부 | 기다림 끝에 묻어오는 그리움의 향처럼

적막 · 98
어디로 갈까 · 100
돋보기 세상 · 101
어떤 인연 · 102
나는 어디에 · 104
왜 몰랐을까 · 106
나 어릴 적 · 108
기다림의 끈을 놓고 · 110
어떤 기억 · 112
입맞춤 · 113
바람이 되고 싶어 · 114
아카시아꽃이 피었습니다 · 116
내 삶의 둥지 · 117
내 맘을 아니 · 118
참 멀기도 하다 · 119
매화꽃 피던 날 · 120
3월의 향기 · 121
내 가슴에 먼저 왔네요 · 122
어느새 3월이 · 123

꽃비 내리는 날 · 124
꽃편지 · 125
그런가 봐 · 126
내리는 눈 속에 · 128

작품해설 | [햇살을 찾아 하늘로 오르며] · 130
사유체계의 인지능력, 그 치열성이 돋보이는 서정의 언어미학
전형철 (시인 · 문학평론가)

# 제1부

## 햇살을 찾아 하늘로 오르며

## 어쩌면 좋아

어쩌면 좋아
세월이
나를 버려둔 채
혼자 가버리네

후들후들 떨리는 다리로
발을 뗄 수 없어
헛손질만 하면서 가슴치고 있네

저만치
뒤뚱거리는 엉덩이 쳐다보면서
그게
내 모습일 거라는 생각 미처 못했어

시간을 삶아 우적우적 씹어가며
목구멍으로 넘긴 삶은
제대로 소화시키지 못하는데
되새김질 할 수도 없어
물만 삼키던 나날

그렇게
의미 없이 지나는 동안 늘어난 주름
쳐진 뱃살
삐걱거리는 마디마디는
되돌릴 수 없는 삶의 여정에
걸림돌 되어
세월의 수레바퀴에 걸리고 말았지

어쩌면 좋아
세월이
나를 버려둔 채
혼자 가버리네

되감을 수 없는 시간
맴도는 시곗바늘에 찔린 가슴
아파할 틈도 없이
난
어디를 향해 가고 있는가

제1부 햇살을 찾아 하늘로 오르며

# 손이 시리다

아직 겨울이 멀었는데
손이 시리다

손가락 마디마디가 얼음에 담긴 것처럼
손이 시리다

아니 어쩌면
가슴이 시린 것일 것이다

찢기는 달력이
비수처럼 박히던 그때부터
한풀 꺾이는 더위는
단골손님처럼 외상 줄 긋기 시작하고
늘어나는 작대기만큼
난
쪼그라들기 시작한다

아침저녁으로
서늘한 바람 불라치면
버릇처럼
조막만 해진 가슴이 시려온다

손이 시리다
혈관 속에 얼음이 찬 듯
마디마디가 시리다

## 그림자의 반란

이제
너 가는 대로 쫓아다니는 거
그만 할래

되비쳐 내려앉아
어둠 속에 갇히는 것도
이젠 하지 않을래

치맛자락 여민
빛의 굴레에서
내 모습 잃은 채 방황하고
늘
뒷전으로 밀리는 설움

오늘처럼
눈부시도록 하늘빛 고운 날엔
나도
길게 목 늘이고
하늘 한 번 쳐다봤으면

나
생명을 갖고 싶어

## 어디로 가는가


나이 들면서
시린 가슴 부여안고 씨름하다
눈을 들어
하늘 바라본 적 있는가

눈가에
하나 둘 주름이 늘면서
마지막 한을 풀듯
온 몸 사르며 타오르는 태양
그 곁에서 널뛰기하는 구름 바라보다
목젖까지 치미는 설움 감당키 어려워
서럽게 물든 노을 속으로
그리움 날려 보내던 날 있었는가

어느 날
시간의 사다리 타고 오르다
한순간 휘청하며 허공에서 비틀댈 때
내 손 잡아 줄 사람 아무도 없어
소름돋는 어둠 속에서 울음 삼켜본 적 있었는가

한 번쯤
소리내어 펑펑 울고 싶은데
그 울음마저 삼켜버리고
가랑잎처럼 뒹굴며
나
어디로 가고 있는가

## 가을의 등 뒤에서

뒤돌아보지 않고 달리는
시곗바늘의 몸짓이
왠지
조금씩 서운해지는 가을 끝 무렵
목마름에 뒤틀린 잎새들이
갈라진 입술 사이로
뽀얀 햇살 불러들여 하소연하는 정오

길 위엔
마지막 숨 몰아쉬며
파고드는 냉기에 숨 헐떡이는 낙엽이 울음 삼키고
싸늘해진 하늘의 품이
구름 사이로 엇비칠 때면
노랗게 물든 은행잎
마른 가슴 부둥켜 안고 자맥질하듯 떨어진다

올려다 본 나뭇가지
휑하니 빈 모습
돌아서는 가을 등 뒤로
곱게 물든 단풍잎 날리면
가을 햇살은
다소곳 잎새 위로 내려앉는다

# 너의 이름

손바닥만 한 가슴에 옹이처럼 박혀
도드라진 그 자리에
어쩌다
싸한 바람 한 점 걸터앉으면
내 안에선 눈물처럼 서리 내리고
갈라진 상처 틈새로
가시 박힌 기억의 찌꺼기 스며들어
칼바람 치마폭에 세월 가두더라

소리조차 낼 수 없어 서러운 이름
앙다문 어금니 비집고 새어나온 신음소리가
지나온 날들의 좌판 위에서
빛 잃은 채 갈지자로 걷곤 해

아직도 옹이처럼 박혀있는 너의 이름
가끔 아주 가끔은
도드라진 그 자리에서 샘이 솟아
뽀글뽀글 작은 물방울 하나가득 실려있는 행복에
전율을 느끼고
그 짧은 순간이 버팀목 되어
난
붉게 물든 노을처럼 온몸 사르며
사각사각 시간을 갉아먹는다

# 기다림의 여운

지난밤
사립짝 흔들어대며
어둠 가로질러 다가온 너

밤새
젖무덤 파고들며 거친 숨 몰아쉬다
샛별의 나지막한 부름에
익숙한 발소리로 내려서던 섬돌엔
남은 온기로 새벽을 덥혀 시린가슴 동여매고
이불깃 부여잡은 쭉정이 같은 여인네
긴 기다림의 한숨으로 지은 신
떠나는 네 발길 잡으려 한다

채 가시지 않은 어둠 속에
길 잃은 물안개, 춤사위 서럽고
그리움에 길게 늘어난 목
물안개 타고 하늘 오르다
흐르는 눈물
구름 위에 뿌린다.
내일 또 비가 오려나

## 가을은

시린 가슴 보듬은 두 팔 사이에
군식구처럼 끼어든 갈바람은
해거름에 불꽃 사르는 노을 따라
자맥질하듯 재 넘어 가고 싶지만
파르르 떨며
금방이라도 터질 것 같은 슬픔 두고 갈 수 없어
선 자리에서 맴을 돌고
이맘때면 늘 그렇듯
깨어날 것 같지 않던 그리움이 꿈틀댄다

하늘로 날려보낸 시간 속에
손톱만큼씩
노을빛 끌어안는 잎새엔
성큼 가을이 내려앉고
창 밖에 머무는 눈길 그 끝으로
보고픈 얼굴 숨바꼭질하면
행여
바람에 실려갈까 두려워
숨소리마저 삼켜버린다

가을은
잎새보다 한 걸음 먼저
가슴에 오나 보다

## 가을은
### -두 번째 이야기

봄이 깊숙이 스며들어
여름을 향해 기웃거리던 어느 날
햇살 받아 마신 보릿대 속으로
내 그리움이 숨어드는 걸 보았지

바람따라 하늘 오르려
쑥쑥 크는 보리가 키재기 할 때쯤
난
보릿대 꺾어
싸한 가슴의 속삭임을 불어넣었어

파르르 떨던 보릿대
마른 입술 사이로
개켜 놓았던 그리움 허공 가득 채우더니
갈아엎은 보리밭 위로
낯익은 얼굴 맴돌기 시작하네

한동안
더위에 정신줄 놓았는지
잠잠하던 가슴에
조금씩 물들어가는 나뭇잎처럼
하나, 둘 쌓이는 게
보릿대 속에 쟁여 있던 내 그리움일 줄이야

가을은
그렇게 시작되나 봐

# 어느 날 밤

내게
눈부신 태양 밀어내고
뿌연 달빛들인지 언제였던가

지친 몸 뉘인 잠자리에
등 떠밀듯 재촉하는 시계추의 둔탁한 소리가
서두는 초침에 묻혀 귓가에서 멀어지던 밤
퀭한 눈 뜨고 바라본 *보꾹엔
별빛조차 외면한 어둠이
궁시렁대고 있었다

밤이 깊어 정수리에 머물자
누군가 잡아당긴 치마끈에
스르르 풀린 기억이
벽을 타고 올라
하나씩 들어앉아 꽉 차버린 보꾹

마른 어둠이
달빛 마시려 꿈틀대다 주저앉고
초점 잃은 눈동자
창틀에 걸려 넘어진다

*보꾹 : 천정

# 비 지난 자리

봇물 터진 가슴의 절규처럼
내려꽂히는 빗줄기의 몸부림을 보니
서러웠던 걸까

길게 누운 풀잎 눈이 멀고
빨간 접시꽃 긴 허리 휘청이다
천둥소리에 움츠러든 자리
물안개 피듯
소리 없이 고개 드는 건
억겁의 세월 돌고돌아
인연의 늪에 빠진 그리움일게다

소리없이 찾아와도 좋으련만
천둥을 품에 안은 채 번개 둘러메고
서둘러 발걸음 한 걸 보니
외로웠던 걸까

그렇게 쓸고 지나간 자리
흥건히 고인 빗물 위로
차마 울음 울지 못하고 꽁꽁 동여맨 아픔
물길 거슬러 돌아온 연어처럼 용틀임 시작되고
밤새 어둠 속에서 눈맞춤하던 얼굴
햇살 찾아 하늘 오르며 가슴 언저리 찜 한다
물빛 멍이 드나 보다

## 기찻길

가끔은 네 어깨에 기대어
따뜻한 숨결 느끼고 싶은데
늘 저만치서 바라보고만 있었어

휘어져 저만치 보이는 곳은
맞닿은 이마 부대끼며
키득거리고 있을 것 같은데
가지런히 놓인 받침목 여전한 걸 보니
꼭 그만큼 거리에서 눈맞춤 하고 있나 봐

어쩌다 오가는 길에 스치고 지나는 그림자
반가워 덥석 잡은 손 이내 뿌리치고 가는 맘
우리처럼
한 곳을 바라보고 걷지 않는다는 걸 뒤늦게 알았지

한 발자국도 다가서지 못하고 먼길 왔지만
그래도 우린 변함없이
같은 곳을 바라보고 있잖니
그게 사랑이래

우리
사랑하고 있나 봐

## 걱정하지 말아요

걱정하지 말아요
이제껏
시간을 조심스레 개켜오며
그 틈틈이에
내 작은 미소 끼워 두었어요

해가 거듭 되며 쌓이는 먼지
햇살 좋은 날이면 햇살 끌어다 쪼이고
지나는 바람 불러세워 쌓인 먼지 날려 보낼거예요

어쩌다
눈물로 얼룩진 조각 눈에 띄면
끼워 둔 미소 보쌈해 들이고
행여 풀리지 않은 응어리 손에 걸리면
사랑의 불씨 일구어
가슴저린 추억으로 되새길거예요

물가에 내놓은 아이처럼
걱정하지 말아요
오늘처럼 쪽빛이 눈부신 날엔
기억의 사다리 오르며 흩어진 조각 짜맞출 때
아픔일랑
뜨거운 입맞춤으로 내려놓고
아주 조금만 끌어안고 갈게요

돌아보며 흘린 눈물 스치는 바람이 훔쳐주고
버려진 조각 위로 라일락 향기 얹히며
오늘도 하루가 갑니다

# 詩

풀어헤친 옷고름 너머
봉곳한 젖무덤 풍선처럼 부풀어 올 때
햇살 한 줌 끌어다
가슴에 채워 주는 것

눈꼬리에 걸린 눈물
지나는 바람 불러세워
두 눈 가득 무지갯빛 물들이는 것

가끔은
해맑은 웃음 흩어진 허공에서
작은 조각 주워 모아
펼친 손바닥에 예쁜 그림 그려 주는 것

밀물처럼 밀려왔다
썰물처럼 빠져나간 세월의 일기장에
빼곡히 써내려간 사연 속
진이 빠지도록 생기 불어 넣어주는 것

# 길 위에서

꽃잎 바람에 흩어지다
하얗게 내려앉던 날
훌훌 털어버리고 떠난 길에
그리움 뚝뚝 떨어지더니
꽃잎 베게 삼아 잠이 들었네요

굽이진 길
갯내음 휘돌아 가슴 채우고
햇살 받아 마신 파도는
잘게 부서진 포말 가득 무지갯빛 수 놓아
설레는 가슴 채워 주는데
봄바람에 떠밀려 온 길 위로
그림자처럼 따라와 허리춤 휘감는 허전함
살내음 그리워진 순간
귓불 달구던 말 꽃잎 타고 날아가네요

# 길 위에서. 2

가슴 저 밑바닥까지
바다 내음 스며들고
하늘 바라보다 푸름까지 닮아버린 바다는
빛을 잃어버린 눈 속에 들어와
파랗게 물들이다 졸고 있습니다

하룻밤 새
두 손 놓아 버리고, 길 잃은 꽃잎은
머리 위에서 맴돌다
길 위에 나동그라져 서럽게 우는데
하얀 꽃잎 위로 떨어지는 빗방울
마른 목 축여주며 함께 흐느끼다
싸한 바람 맞으며
나래 펴고 허공 나는 꽃잎의 춤사위에
걸머진 짐 내려놓고 끼어듭니다

머리 위에 꽃잎이 쌓이는데
저만치
내게서 떨어져 나간 기억 한 조각
어디론가 굴러갑니다

# 네가 있어

네가
내 안에 자리한 후

봄을 기다리며
옷깃 여미는 새 순처럼
가슴에
설레임이 출렁여

마른 가지 위
걸터앉은 네가
유난히 눈부신 날

사랑이 싹튼 자리
네가 있어 따스해

널
사랑해

## 내 가슴의 해묵은 얘기

내 가슴엔
왜 이렇게 못다한 얘기가 많은 걸까

손바닥으로 채워지는 좁은 가슴 어디에
퍼내고 퍼내어도 마를 줄 모르는
그런 얘기들이 숨어 있는걸까

때론 웃음으로
때론 눈물로
세월의 수레바퀴에 휘감긴 지난날
시간의 마른 끈 놓칠세라 맞물려 돌아가는 내 삶에서
풀어내지 못한 매듭들

이제야 끄트머리 잡고
조심스레 당겨보는 손끝에
줄줄이 매달려
두레박 타고 세상 구경나온다

안으로 안으로만 삼켜버린 사연
가끔은
눈꼬리에 걸린 눈물 속에 스며든 연민이
차곡차곡 개켜져 쌓여 있었나 보다

긴 여행길에 다다른 간이역에서
숨 돌리며 들춰 본 귀퉁이에
낯익은 얼굴
술래한테 들킨 듯 얼굴 붉힌다

## 언젠가 만나면 그때

마음에
오래오래 담아 둔 밀어가
봇물처럼 터졌나 봐요

수줍은 듯 내려앉는 하얀 눈꽃이
나뭇가지 부둥켜안고
쉼 없이 내리는 눈 받아 마시며
빚고 있던 당신 얼굴에
눈물 한 방울 덤으로 얹어 생기 불어 넣어 주네요

아마 기억 속에 가물대던
숱한 사연이
개켜놓은 자리 어긋나 쏟아지나 봐요

그동안
잠자고 있던 기억의 알갱이들이
사르륵사르륵
새색시 치마 끄는 소리처럼
소복이 쌓이는 눈 속에서
기지개 켜다 놀란 듯 줄기마다 쌓인 눈 더듬어가다
당신의 젖은 눈 마주쳐
가슴에 한줄기 싸한 바람 들이밀며
눈꽃 사연 줄줄이 엮어 가네요

잃어버린 햇살
언젠가 만나면 그때
내 작은 가슴 열어 볼래요
쌓인 눈 털어내며 지난 얘기 하고 싶어요

## 따리 끈 입에 물고

머리에 인 물동이
찰랑찰랑
발걸음 뗄 때마다 정수리에 머물던 소리

부여안은 물동이 아래로
치켜 올라간 저고리
길게 늘어진 옷고름 사이로
퉁퉁 불은 젖무덤도 찰랑댔었어

질끈 동여맨 허리띠엔
매운 시집살이 눈물이 줄줄 엮어지고
접어올린 소매 끝 틈바구니엔
가난이 엷게 흘렀었지

한겨울 바람이
젖은 손 휘감아 올 땐
뼛속까지 전해오는 아픔
따리 끈 질끈 문 이(齒) 맞부딪으며
터진 입술 사이로
숨죽인 신음소리 뱉어내다가
주르륵 흐르는 물 훔쳐내는 손길에
사그러들곤 했었지

서툰 임질에 젖은 옷깃이 목을 스치면
살을 엔다는 말, 한 번 더 삼키던
그런 시절이 있었어

## 어떤 일이 있었을까

바깥세상으로 내민 정수리
눅눅한 바람에 밀려 도리질하는데
눈부신 햇빛 한 줌 내려앉아
하늘 저 편 소식 새겨 넣으면
움츠러든 몸 기지개 켜듯
환풍기는 조심스레 날갯짓 시작한다

삶의 찌꺼기처럼
흐른 시간의 둘레만큼이나 켜켜이 쌓인 먼지
털어 낼 엄두도 내지 못하고
그저 맴을 돌다가
내려앉은 햇빛은 날개 틈새 기웃거리며
빈손 털며 가슴 열지만
미처 채우지 못한 단추 만지작거리던 손길
싸한 바람에 옷깃 여미며
혼자만의 기억으로 둘둘 말아 허리춤에 끼워 놓는다

허탈한 웃음
듬성듬성 떨어져
바람과 뒹구는 환풍기의 춤판에
아직 여미지 못한 겨울 치맛자락이
서둘러 걸음 땐 봄의 손끝에 걸려 허우적댄다

## 그럴 수 없을까

너와 나
우리라는 이름으로 발걸음 맞춰
세상을 밝히자 했었는데
난
외길 따라 살아온 삶의 더미에
언제부턴가
갇혀버린 것 같아

마음은
너와 함께 하늘을 나는데
이리저리 묶인 채 자갈까지 물렸는지
모두를 잃은 것 같아

너와 나
한 곳을 바라보며
고운 꿈 엮어가자 했었는데
이만큼 세월이 흘러
둔탁해진 손놀림으로 찾아가는 길 위에
한 번쯤
어디선가 마주치는 날 있지 않을까

오랜 기다림과
마르지 않는 그리움
그 깊은 연정 한 귀퉁이 떼어내
서로의 가슴에 새겨온 나날
모든 걸 뒤로하고 떠나기 전
한 번쯤
스치고 지나는 인연이라도 허락될 수 있을까

## 제2부

### 붉게 물든 노을로 점 하나 찍으며

## 눈을 맞으며 가는 길

왠지 포근하다 했는데
정오 무렵
하늘이 꾸물거리더니
쌓인 그리움 차올라
골목 어귀마다 점 찍어 놓듯
눈이 내린다

칼바람에 맺힌 설움 많았던가
내려앉으며 흘리는 눈물 온 몸 적셔 오는데
사그러든 눈꽃 위에 핀 눈물꽃은
촉촉이 스며들다 길 위에 구르며
가는 길 재촉한다

저 만치엔 여전히 눈이 내리고
내린 눈은
침묵의 시위 하듯 나를 적신다

# 눈을 감아요

너무 멀어
쪽빛 하늘로 이어진 우리 마음
그리움 개켜둔 가슴 언저리 까맣게 타 버렸지만

눈을 감아요

어느새
당신 숨소리 귓불에 머물고
난 훌쩍 떠나
행복 한 움큼 발치에 내려놓고
빈손 가득 눈물 거두고 있을 거예요

다가서지 못하고 바라만 보는 마음
얼마나 아픈지
드러내지도 못하고 혼자 앓는 속앓이 힘겹더라도

눈을 감아요

구름 올라타고 물 흐르듯 다가가
이제야 왔노라 생긋 웃으며
헐벗은 나뭇가지 내다보이는 창가
싸한 바람 비껴 내려앉을 거예요

지난 세월 틈틈이 끼워둔 사연
곱게 엮인 구름 방석에
저녁놀에 물든 마음 얹어 놓을게요

눈을 감아요
그리고 귀 기울여 보세요

제 2 부　붉게 물든 노을로 점 하나 찍으며

## 그냥 이대로

오랜 잠에서 이제야 깨어
지난 세월 되감을 수는 없지만
그냥 이대로
하늘을 바라보고 싶어

시계추 흔들리다 지쳐
조금씩 발걸음 어긋나고
닳아진 이음새 삐걱대지만
그래도 난
지금 있는 이 자리에서 숨 길 가다듬을래

우리 서로
가슴에 묻어둔 채 다다른
삶의 막바지
더 이상 미루지 말고 가슴을 열자

너는 너 대로
나는 나 대로
살아 온 길이 다르듯
살아갈 길도 다르지만
우리
간직해 온 모습 그대로
하나씩
조심스레 꺼내어 햇살 아래 펼쳐 보자

울적할 때면
습관처럼 올려다보는 하늘
가끔은
너른 하늘 어딘가에 머문 네 눈길
느낄 수 있었으면 좋겠어

네가 조심스레
내 삶의 일부가 되었듯
나도
네 삶의 일부가 되었으면 좋겠어

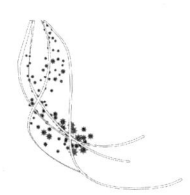

제2부 붉게 물든 노을로 점 하나 찍으며

## 그런 줄 몰랐어

지난 기억의 첫 걸음에 비스듬히 걸친 채
숨죽인 파편 속에
눈길 주는 것조차 잊었던
마음 저 깊은 곳에 자리한 사람

세월의 흔들림 속
미동없이
가슴 한 켠 지켜주던 사람

듬성듬성 흰머리 늘어진 틈새로
하나 둘
주름이 겹칠 때에야
내 인생의 선물인 걸 알아차린 사람

이제껏
땅을 딛고 서서
같은 하늘 바라보며
하늘 저 편
내 숨소리 전해질 줄이야......,

# 소리쳐 봐

희뿌연 하늘이
한 뼘쯤 내려앉았을까
소복소복 쌓인 눈꽃
어깨 위로 오르려 하는 아침

안으로 삭여오던 아픔 길게 목 늘이고
세월만 삼켜가던 그리움에 뒤엉켜
봇물 터지듯 온 몸 적셔 오는데
밤새 등어리에서 바동대던 기억
허리춤 끌어안는다

잊어버린 소리
목젖 뒤에 숨어 기다려 온 순간
허공을 채우며 메아리치고
또 메아리치면
부딪고 뒹굴며 하늘에 닿을 수 있을까

"보고 싶어."

사르르 꼬리 내리는 울림에
푸덕거리다
눈꼬리에 걸린 눈물 한 방울

## 차 한 잔 하실래요

꾸물거리는 하늘처럼 마음 답답할 때
진한 커피향 가슴에 담으며
차 한 잔 하실래요

내려앉아 주체하지 못하던 그리움
티스푼 끝에 매달아
멀리 수평선 가로질러
물거품 일며 달리는 배에 실어
하늘 끝
보이지 않는 언저리 어디쯤 훌쩍 던져 놓고
따끈한 찻잔 두 손으로 감싸 온 몸 데우며
차 한 잔 하실래요

울컥 치미는 아픔
차마
드러내지 못하고 삭이다
어스름 달빛 고운 자락 펼칠 때쯤
둔탁한 통나무 얼기설기 맞댄
한적한 교외의 찻집에서
이젠 낯설어진 얼굴 하나 떠올리며

함께
차 한 잔 하실래요

## 12월의 창가엔

인연을 잘라버린
섬뜩한 눈매의 칼바람 속
만지작거리던 세월의 끈엔
손 때 묻은 기억들 번들거리고
가누지 못하고 흔들리는 나뭇가지에
차오르는 설움은
섣달
외곬스런 칼부림 피해 그림자에 스며든다

덩그라니 하늘바라기 하는 진홍색 연시
까치의 암팡진 입질에 망가진 채 삼키는 눈물
마른가지 오르내리며 이별을 얘기하다
지친 듯 바람타고 날아오르면
누더기처럼 매달린 마른 잎새 소리에
벗은 몸 웅크린 채 타들어가는 목에서 걸러낸 후회
창가에 내려놓는다

얼룩진 유리창 위로
잘린 인연의 끄나풀
나풀거린다

## 내 글의 끝에는

어릴 때부터 그랬어
말로 조잘대기보다 가슴에 묻어두고
크게 숨 한 번 쉬곤 했어

머릿속에선
부글부글 끓는 심사
속사포처럼 쏘아 대는데
난
눈 한 번 끔뻑이고 입술 한 번 앙 다물면
그게 끝이었어

용암처럼 흘러내린
분노의 찌꺼기들이
목젖을 타고 내려와
명치 끝 어두컴컴한 곳에 똬리를 틀면
난 겨우 똬리 끈 입에 물고
하늘 한 번 쳐다보곤 했었어

아마
그렇게 쌓인 얘기들이
그렇게 부서진 기억들이
나이 들어가며 곰삭아
하나, 둘
펜 끝에 묻어나나 봐

한 줄 한 줄 엮인 글자들은
혈관을 타고 흐르다 손끝에 멈춰
서둘러 옷매무새 고치곤 해

퍼내고 퍼내도
마를 줄 모르는 이 작은 가슴의 멍울
언젠가는 바닥이 드러나겠지

한 자 한 자 사다리 삼아 건넌 길 저 편에
늘
그리움이 서성이고 있어
여태
글 언저리에서 맴돌고 있어

제2부 붉게 물든 노을로 점 하나 찍으며

## 당신의 날개가 되어 드리겠습니다

이 세상
인연의 줄을 놓으셨네요
질기고 질긴게 인연이라던데
이승에서의 마지막 숨 힘드셨나요

그동안 쌓아 온 마음과 마음의 얽힘이
이제
기억 저 편으로 사라질까 두려워
숨 길을 막는 설움
차마 삼키지도 못하고
퇴색된 선혈이 온 몸을 적십니다

나 아직
가슴 귀퉁이 꿰어 단 당신 사랑 남아 있는데
나 아직
당신의 손 놓을 수 없어
마른 울음으로 세상 흔들고 있는데
싸늘히 식어가며 정녕 떠나시렵니까

메마름 속에
삐걱거리며 비틀거리던 나날이
왜 이리 두려운가요

한 평생
어렵고 소외된 이웃을 위해 바친 당신의 열정이
하나의 꽃으로 피어나
쪽빛 물들이며 구름타고 하늘 오르는데

하고픈 말 차곡차곡 챙겨 둔 당신 가슴
서러워 할 틈도 없이 시계추는 멈추고
갈바람에 서린 눈물 세상을 적십니다

이 세상 고통의 수렁에서 나와
훨훨 날아가세요

묻어 두었던 마음 끌어내
당신의 날개가 되어 드리겠습니다
사랑과 열정으로 행복했던 기억 추슬러
날개 위에 얹어 드리겠습니다

이젠
짊어졌던 짐 내려놓고
마음 가벼이 떠나세요

내 기억 속엔
당신의 환한 웃음이 구름을 탑니다
내 가슴엔
당신의 열정이 꿈틀거립니다

이 세상에
당신이 계셨기에 행복 했습니다

안녕히가세요
당신을 사랑합니다

## 부지깽이 심사

불두덩이에서 만나
달아오른 채 휘젓다 뒤틀린 심사
불 속에 녹이면 좋으련만
타다닥
장작불 타는 소리
흙과 불이 만난 아궁이에서
욕심이 타들어 간다

메케한 연기
가슴에서 도리질하고
치솟는 불길에
가마솥 김이 오르면
달궈진 부지깽이 몸 사릴 틈 없이
열꽃에 시달린다

# 엄마 가슴

하얗게 센 것이 세월 탓만은 아니더라
굽은 등에 얹힌 아쉬움
지팡이 끝에 매달려 촐랑대다
엇갈려 내딛는 발뒤축에 밟히고
손 사레 치며 닮아가는 자식
말없이 지켜보는 두 눈엔
걸어 온 여정 대물림 될까 출렁이는 걱정

아직도 물가에 내놓은 것처럼
끌어안고 싶건만
삭아버린 가슴팍 너무 작아
벌렸던 팔 거둔 손 마른 눈물 훔친다
휜 등어리 아래 움츠러든 가슴
세월 탓만은 아니더라

## 우물에 담긴 하늘

가슴 한 귀퉁이 떼어 담갔나
자맥질해서 들어앉은 하늘이
겨우
손바닥만하다

장광의 항아리
햇살 받으려 입벌리고 누워있는데
궁시렁대는 두레박
물살 가르고 하늘 퍼 담으면
젖은 고무신 곁 물초롱에도
숨가쁜 두레박 입질에
파란하늘 조금씩 채워지고

가을소리
낙숫물 떨어지듯 스며들어
목청 돋우면
바람에 불려온 단풍잎 하나
눈물처럼 내려앉는다

하늘에 누운 단풍잎
입술 축이며
여름내 쌓인 그리움 풀어놓는다

## 비 오는 날엔 바다가 보고 싶다

지난밤
어깨 한 쪽이 욱신거리더니
시원스레 비가 쏟아진다

굵은 빗줄기에 씻겨간 듯
가벼워진 어깨 그 위로
빗속에 머뭇거리던 그리움 주저앉아
파르르 떨고

정수리에서 훌쩍 기운 태양은
구름치마 둘러쓰고 숨어버린 채
시간은
쉼 없이 흐르며 하루를 재촉하는데

쏨먹쏨먹
온 몸 들쑤시며
기억의 부스러기 짜맞추느라 어수선하지만
불러들일 맘 없는 나는
돌아앉아
후두둑 떨어지는 빗방울 곱게 엮어
바다로 가는 길 열고 싶다

오늘처럼
비가 오는 날엔
희미한 수평선 연줄 삼아
그리움 날리고 싶다

## 마침표

구구절절 살아 온 흔적
마음껏 휘두른 붓놀림이
어느새
화폭 가득 그려놓은 삶

비 오고 눈 내린 날
뽀얀 안개 속에 허둥대던 날
주저앉아
꺼이꺼이 목놓아 울고 싶었던 날들의
거칠고 어두운 그림

하지만
한여름
주체할 수 없는 열기 끌어안고
사랑을 태우고
오색꿈이 걸어나와
나뭇잎 곱게 물들여
마른가슴 열어 적셔 주던 날

붓끝에 머물러
색색이 옷 입히며
화폭을 채워놓은 많은 날들

이제
하루하루
빼곡히 쌓인 나날
머지않아 마침표 찍어야 할 텐데
해넘이 하며 남길게 무언가

서둘러
가슴 조이던 구름자락 거두어
마지막 태우는 불꽃으로
곱게 옷 입혀 보자
붉게 물든 노을로 점 하나 찍자

제 2 부 　 붉게 물든 노을로 점 하나 찍으며

## 이쯤에서

새삼스럽게
가던 길 멈추고 되짚어보는 세월
출렁이는 다리 건너 낡은 기억 들추었더니
도르르 말린 두루마리 사연 튀어나와
가슴에 안깁니다.

녹슨 레일 위에 흩어져 길 잃고 헤매던 얼굴
하나씩 눈맞춤하며 떼는 발길
조심스레 펴나가는 시간의 굴레 속에
아직도 벌겋게 덧난 채 웅크린 기억 한 조각
말라버린 눈물샘 건드려 가슴에 닻을 내립니다

차마 뒤돌아서지 못하고 숨죽여 머문 순간들
바람이 지난 자리
서둘러 들어 선 햇살 아래 늘어놓고
탐스럽게 피어나는 뭉게구름 언저리에
아픈 상처 걸쳐 놓은 채
그리움의 목 길게 늘여 바라본 하늘
두 눈 가득 채워지는 쪽빛이
가슴까지 물들입니다

# 그리움의 몸짓

태양이 숨어버린 날
뿌옇게 내려앉아 꾸물거리는
세상의 잔영들

물질하던 나무
잠시 손 놓고 숨돌리고
아른거리는 등성이엔
맴돌던 그리움 날갯짓 거세질 때쯤
이토록 가슴이 시린 건
빛 잃은 하늘의 서러운
기억 때문이리라

때늦은 눈발이 하얗게 흩어지는
산자락에 매달려 흔들리던 삶
듬성듬성 지친 듯 누워 있고
추위에 웅크린 싸락눈
오랜 응어리 풀어내리는 듯
숨죽여 춤추면
세월에 묻어간 그리움은
돌아서서 손짓하며
잔잔한 가슴 언저리 휘젓다
잿빛 구름 넋두리에 멈칫거리며
햇살 끌어내 휑한 가슴 감싸고
저만치 울타리 너머
잊었던 얼굴 기웃거린다

제 2 부 　 붉게 물든 노을로 점 하나 찍으며

## 다가서려 하는데

셀 수 없이 많은 날
가슴에 빗장 질러 놓은 채
한 걸음쯤 떨어져 숨죽이고 지냈어

벌겋게 덧나고
살점 드러난 상처 보이고 싶지 않아
문고리 부여잡고
비바람에 흔들리며 삐걱거릴 때마다
화들짝 놀라 가슴 여몄지

시간이 흘리고 간 부스러기에
녹슨 문지방 넘지 못하고
허둥대며 보낸 시간 키를 넘겨
이제야 되돌아보는 삶의 뜨락엔
싹조차 틔우지 못하는 가슴 오금 못펴고 버둥대는데

더 늦기 전
비 지나간 햇살 끌어들여
부서진 기억 짜맞추어
힘겹게 연 대문 앞에 펼쳐놓으면
저만치서 뒷짐지고 구경하던 햇살
잰걸음으로 다가와 품어주겠지

조심스레 털고 일어나
삶의 끄트머리에서 열어 젖힌 가슴
채워질 수 있을까
비틀대는 걸음이지만
조금씩 아주 조금씩 다가서려 하는데……,

## 나에게 너는

얼기설기 엮인
기억의 굴레에서
눈 시리도록 그리운 사람

눈을 감으면
아지랑이처럼 피어나
살며시
등 뒤에 머무는 사람

무더위 속
소나기처럼 상큼하고
밤하늘 점점이 박힌 별처럼
파르르 떨며
나를 설레게 하는 사람

세월도 외면하고
지나가버린 무지개 다리
그 위에 네가 있다

제2부  붉게 물든 노을로 점 하나 찍으며

# 기도

윗목에 살짝 미뤄두었다가
견디기 힘들 때면
허둥지둥 찾는 나의 신이여

금방이라도
굵은 빗방울 쏟아질 것 같은 검은 구름이
내 가슴에 가득합니다

함께 울어주지 않은 서운함에
등 돌리고
원망의 울타리에 스스로 갇혀버린 나
내 아픔 외면한다고
뿌리치고 혼자 가던 길에 당신을 불러봅니다

차마
소리 내지 못하고
입안에서 맴도는 기도소리
들리시나요

찌꺼기처럼 남은 눈물이 덕지덕지 낀 두 눈
힘겹게 감고
목에 걸린 한숨 얽어맨
끄트머리 한 켠에서
묻어 두었던 당신의 이름 걸러내듯 꺼내어
가지런히 모은 손끝에 불밝힙니다

간구하오니
얼룩진 삶의 타래 풀어가며
작은 불씨 되어 사르는 나의 기도
들어주소서

그 아픔
내게 돌리소서

제 2 부 　 붉게 물든 노을로 점 하나 찍으며

# 평가

얼마큼 잘했는지 잣대로 잰다 한다

눈금은 정확할까?
휘지는 않았을까?

듬성듬성 이 빠진 잣대로
산더미 같은 서류에 갖다대며
눈꼬리 가볍게 떨지도 몰라

열심히 했는지
지시를 잘 따랐는지
점수를 매긴단다

책상 위 공론이
우수수
바닥에 흩어진다

주워 올릴 자 누군가?

칼자루 쥔 쪽의 숨소리 거칠어지고
머리 조아린 자
콩알만 해지는 간
움켜쥔 가슴에서 진홍색 땀이 밴다
치켜뜬 두 눈에 핏발이 선다

## 세상은

차마 뜰 수 없어
감아버린 눈이
못내
부끄러워
실눈 뜨고 바라본 세상
나만의 아픔이 아니더라

상처투성이 영혼
떠안은 하늘
빛을 잃어 헤매는 자
팔 벌려 보듬는 마음 있어
세상은 살만하다 하나보다

## 그 사람이 아프데요

세월도 비켜갈 줄 알았습니다
늘
당당하고
한치의 거리낌도 없는 삶이
햇살처럼 눈부시게
하늘에 닿을 줄 알았습니다

어쩌다 방향 잃고 샛길로 들어선 삶도
드문드문 뿌려놓은 씨앗이
아픔의 싹을 틔우고
분노의 줄기가 뻗어갈지라도
앞만 보고 굽이굽이 휘어진 능선 잘도 넘었는데
끈적끈적한 유월 바람에 실려온 소식은
마른 눈을 조심스레 적셔주었습니다

힘든 삶의 버팀목이 된 이별은
물처럼 흘러간 시간 속에서
미움 한 톨 남지 않고
꽃향기에 묻히고 단풍잎에 물들다
떨어지는 잎새에 새겨져 땅속에 잠자는데

아직 겨울잠 깰 때 멀었건만
바람결에 실려온 소식이
아픈 상처 헤집는 듯 용트림하며
곰삭은 기억 중에 깊숙이 묻어둔 조각 끌어내
떨리는 마음으로 짜깁기하는 가슴

되돌리고 싶지 않은 길
어느새 몇 걸음 들어 선 나를 보며 흠칫 놀라
빽빽이 들어선 나무 올려다 보다
하늘 언저리에 멈춘 시선
그곳에 잊혀진 얼굴 맴을 도네요

꽁꽁 묶어 가둬 둔 짜투리 세월에서
고운 기억 추려 햇살 아래 늘어놓고
빈 가슴으로 기도합니다

'그 사람이 아프데요'

누구를 위한 기도인지
용서라는 말이
시추봉처럼 묵직하게 가슴을 누릅니다

## 혼자라도 좋다

솔향기 가득한 산자락에
봄이 내뿜는 열기로
한껏 타오르는 철쭉 꽃잎 사이
잎새가 얼굴 내미는 걸 보니
지난 4月이 새삼 그립다

충주호 물줄기 휘감고 둥지 튼
어느 작가의 숨결이
크고 작은 솟대에 숨어들어
거친 숨 몰아 쉬는 공간에서
잠시 숨 돌리는 지금

혼자라도 좋다

호수에 잠긴 하늘이
바람따라 살포시 흔들리고
건너편 굽이진 산이 가슴에 파고드는 오후
훌쩍 기운 태양이 긴 그림자 불러 세워
침전된 기억 끌어올리더니
뜨거운 가슴에 품었다가
내겐 아름다운 얘기만 들려 준다

혼자라도 좋다

이렇게 싱그러운 5月에
나 여기 머무는 동안
잃어버린 세월 압축된 시간으로 돌려받아
정녕
기억조차 희미한 사랑의 날갯짓해 보리라

오랜만에 돌아온 파란 하늘이
터질 듯 부푼 솔향에 취해
5月을 흔든다

그 곁에 내가 있다

제2부 붉게 물든 노을로 점 하나 찍으며

## 어둠이 내리는 길목에서

솔잎 사이로 보이는 하늘이
어둠을 삼키며 눈을 감는다

희미하게 발끝이 보이는 길에서
난
꽃들이 뒤엉켜 잠 투정하고
나뭇잎은 몸 식히려
바람 끌어안고 맴도는 걸 보았지

조금씩 짙어지는 어둠이
가슴에 스미며
설움 묻어두 듯 얼굴 한 쪽 내민 상현달
싸한 바람 일으킬 때

서둘러 떨어진 태양
미처 거두지 못한 치맛자락
붉게 물들며 구름에 업히면
빛바랜 가슴 덩달아 물든다

# 독백

꾸역꾸역 삼켜버린 원망
비수가 되어
가슴에 꽂힌 아픔

떨쳐버리지 못하고 끌어안은
그리움
돌아서며 남기고 간
그 깊은 절망

여태 어둠의 동굴에서
헤어나지 못하고 절절매는
안타까움

얽히고 설킨 실타래
이젠
풀 수 있으려나

터질 듯 부푼 꽃망울
햇살 한 모금에 터지듯
묵은 세월에 단내나는 입
향내로 채울 수 있으려나

제 2 부  붉게 물든 노을로 집 하나 짝으며

## 찌뿌둥한 날

마음에도 주름이 진다
세월의 흔적따라 골이 패이고
패인 골 사이에
아픈 기억이 스며들어 집을 짓는다

그러다 오늘처럼
잿빛으로 주저앉는 날
골마다 차오르는
묻혀있던 파편의 용틀임에 혼을 빼앗겨
시선은 초점 잃고 하늘을 맴돌다
먹이 낚아채듯 곤두박질해 눈물 삼킨다

굴곡진 삶의 타래에서
한 올씩 뽑아내 늘어놓은 발자국만큼
꼭 그만큼씩
마음에 주름이 늘어간다

# 제3부

## 마음에 부는 바람

## 그림자 놀이

야금야금 갉아먹은 세월이
이렇게 빠른 줄이야
찢긴 가슴
떨어져나간 조각 그리워하며
흉한 모습 아랑곳없이
시계추의 흔들림 노래삼아 시간을 부수어
떨떠름한 삶의 맛에 찡그리고
향긋한 행복내음에 취해가는
세상사 돌림판에 늘어선 그림자
그림자여
빛 따라 돌아가며
눈 가리고 귀 막은 채 살아온 나날이
서러워서일까
아예
말을 잃었구나
그저
처진 어깨
굽은 등이 보일 뿐
슬픔도 기쁨도 묻어버리고
헛날갯짓하는
그림자
그림자여

# 마른 가슴의 절규

이 소리가 들리지 않는가
논바닥처럼 갈라진 가슴
그 틈새에서 뛰쳐나와
뿌연 시야에 가려 갈팡질팡하는 단어들

갈가리 찢긴 목청 흔들며
어둠에서 건져낸 젖은 음성
막다른 골목까지 밀려와
더이상 내디딜 자리 없어
피를 토하듯 내뱉는 외마디

허공에 쏟아지자마자 바스러지는
처참함 속에
마른가슴의 외침은 끝나는가

이보소
정녕 들리지 않는단 말인가

나는 말을 잃었고
당신은 귀를 막았구려

# 빈자리

무너져내린 한 쪽
끝내
채울 수 없어

부서진 기억
슬픔에 젖어버린 조각 주워
짜깁기하는 밤

휑한 두 눈에
얼기설기 엮어지는 그리움
마른 눈물까지
핏빛으로 물들인다

흐느끼는
언어들의 출렁임은
어둠마저 삼키고……,

## 기억 속에서

유난히 햇살이 눈부신 날
유리창에 되비치는 빛 따라 올려다본 하늘엔
길게 누운 새털구름
금방이라도 날갯짓하며 날아갈 것 같은데
성긴 깃털 햇살 아래 흐르며
깊어진 가을을 노래합니다

정수리에 걸친 태양이
구름날개 제치고 하늘을 삼키듯
겨울답지 않은 포근함이 마음까지 녹여주는 날
빛부셔 감아버린 눈
깊게 패인 세월의 흔적 더듬으며
거슬러 올라간 시간 속에서
잠자던 미소 건져내
싸한 가슴에 묻었습니다

아직도
가슴 한 쪽 저린 기억
햇살따라
하늘로 띄워보냅니다

# 단풍잎 하나

그때쯤 일 거야
태양의 춤너울 사그라지며
바람이
조금씩 나래를 펴고
하루 해
손톱만큼씩 짧아져
어둠의 그림자
허리 펴고 하늘 바라볼 때

그때쯤 일 거야
여름내
농익은 사랑
고백하지 못하고 숨겨둔 가슴
몰래한 사랑 드러날까 수줍어
조금씩
아주 조금씩
붉게 물들어 가는 잎새

차마 돌아설 수 없어
주춤하는 사이
타는 듯 끓어오르는 그리움 주체하지 못해
귀퉁이부터 빨갛게 물드는 건가 봐

그렇게 몇 날이 지났을까

어느새 산자락엔
휑한 가지 벌리고 선 나무
추위에 떨고
드문드문 남겨진 단풍잎
아직
부를 노래 남아있어 떠나지 못하나 봐

못다한 사랑 아쉬워 하며
낙엽처럼 쌓인 그리움 가슴에 묻은 채
바람이 한 눈 판 사이
곤두박질해 마른잎 위에 구르고
숨죽인 그리움
세월의 뒤켠에서 울음 삭인다

제3부 마음에 부는 바람

## 잃어버린 꿈

정수리에 떠올라
온 세상 굽어보는 태양
그 붉은 물감에 휘저어
다듬은 붓 산허리 툭툭 친 후
물든 잎새
입김 불어가며 말리는 사이
하늘캔버스에 그림을 그려보자

어스름 저녁
구름사다리 붉게 젖어 출렁이기 전에
뭉게구름 조용한 숨소리에 흩어지는 쪽빛
바스러질 듯 눈부신 하늘가에
고운 옷 입혀보자

한 쪽엔
아이들 재잘거리던 교정에서
길 잃은 웃음 주워다
가지런히 늘어놓고
집 떠나 헤매는 조각구름 불러 세워
지난밤
소곤대든 얘기들 들어보자

끝없는 하늘
그 언저리 어디쯤
잃어버린 꿈 있겠지

붓끝에 묻어나와
오늘밤 쯤
가슴에 내릴 것 같아
가지런히 접히는 어둠 속에서
하얗게 지새는 밤이 지루하지 않다

제3부 마음에 부는 바람

## 기억 속에서

가슴 속
뒤엉킨 사연 갈바람에 엮어
고운 햇살 아래 펼쳐놓고
한 올 한 올
구름을 실타래 삼아 감아가다가
손끝에 걸린 상흔
부스스 잠깨어 기지개 켜는 어느 날
놀란 태양 숨어버리고
먹장구름 하늘 헤집으며 요란떨더니
가슴엔 어느새
후두둑 비가 내립니다

잠시 젖은 가슴 추슬러 햇살 쪼이고
붉게 물든 구름 춤사위 바라보다가
노을 속에 숨어 수줍게 고개드는 기억 한 조각
해넘이 하기 전 붙들어 놓고
다시 한 번 세월 거슬러 돌아보니
햇살보다 눈부신 시간
온 몸 불사르며 달려온 나날
슬픔보다 기쁨이
아픔보다 행복이 소록소록 샘솟아
드넓은 하늘 가득
채우고도 남았습니다

## 비에 젖는 아침

비는 역시
맞으며 걷는 것보다
창 밖으로
촉촉이 젖은 나뭇잎을 보는 것이 좋다

뿌옇게 밝아오는 창 밖에
싱그러움 가득한 허공이
작은 기쁨의 알갱이로
가슴을 파고드는 비 오는 아침
소리 없어 좋고 젖은 땅에서 내뿜는 흙내음이 좋다

잿빛 하늘에 가리운 태양이 앙탈을 부려도
봄비처럼 숨죽여 내리는 빗줄기에
나를 실어 보내며
얼룩지고 찢기운 상처 드러내 바닥 쏟이고
구석구석 가라앉은 멍울 걸러내
젖은 나뭇가지에 건다

서둘러 떠날 채비하는 가을 발목에
길잃은 그리움 묶어 함께 보내면
처마에서 떨어지는 빗방울
가슴에 머물지 않으리라

## 가을 안개

붉게 물들어 가는 산등성이와 맞물려
노랗게 펼쳐진 논자락의 현란한 몸짓이
파란 하늘 아래 그림같은 가을날

바람이 지나는 길목
빙그르르 돌며 떨어지는 낙엽이
조금은 슬퍼 보이고
문밖을 나서면
짙은 안개 속에서
그리움의 가슴저린 울음소리 발길 잡는 아침

곱게 퍼지는 안개의 흐름 속에
손가락 끝으로 오선을 긋고
적당히 쉼표 섞어 악보를 그리면
어느새 출렁이며 음률을 타는 아침안개는
꽃처럼 피어나 하늘 오르며
그리움의 노래가 되고
목청 돋운 나는
가을의 품에 스러진다

# 그런가 봐

아마
사랑을 앓고 있나 봐

손 마디 만큼씩 깊어가는 가을
한 치쯤 높아진 하늘
새 날을 열 때마다
조금씩 늘어나는 붉은 잎새
어쩌면
나뭇잎 버석거리듯 가슴 싸하고
마른잎 사그러드는 추임새에
눈시울 젖는 거겠지

눈비비며 일어나 창문을 열면
저미듯 파고드는 젖은 바람
설친 밤 되짚지 않아도
녹아내리는 뼈마디 출렁임에 눈 감아버리고
뒤척이던 잠자리
밤새 밴 열병의 흔적
열린 창틈으로 흘려보내도
가슴 가득 남은 목메임은 방향 잃고 맴을 돈다

아마
사랑을 앓고 있나 봐
그리움이
목에 걸린 것 같아

## 마음

천길만길 떨어져
어둠 속에서 빛을 줍다가
가끔은
천길만길 치솟아
구름 위에서 하늘을 끌어안는다

단풍잎 곱게 물들어가는 가을
마음은 목마름에 허덕이고
휘청이는 눈길
그리움에 묻힌다

## 저녁 놀

곱게 단장한 구름이
서둘러
하늘 언저리에 모여
타다 남은 불씨 하나 얻어 가슴에 묻더니
사그러들던 불꽃
그리움 손놀림에 용트림하며
하얀 구름치마폭에 곱게 물들어 갑니다

호수에 떨어진 불씨는
꺼질듯 꺼질듯
흔들리는 물결에 헐떡이다가
물에 잠긴 구름 위에
보고픈 얼굴 그리듯 붉게 타오르면

아름드리 나무 드리워진 호숫가
나무 틈새로 기웃거리다
어느새 태양은 숨어버리고
사위어가는 불꽃처럼
구름 끝자락만 타오릅니다
기다림의 널뛰기가 시작됩니다

## 마지막 날

어쩌다 보니 여기까지 왔습니다

어설픈 모습으로
멋쩍은 미소 띠며 만나던 날

처음 맞는 쉼의 자리에
더듬더듬
내 자리 하나 펼쳐주던 손

그저
편안한 쉼이 되리라 생각했던
나날들

적막 속에 나를 묻고
몸부림도 쳐보고
그림엽서 속에 나를 담아
활짝 웃어도 본 날들

가끔은
살내음 섞어 하늘을 날고
찢긴 날개 접으며
절망으로 떨어지던 날

하루하루
책장 넘기듯 지나간 시간이
이제
마침표를 찍으려 하는데
가슴에서 맴도는 응어리 하나
풀어내지 못한 아쉬움 끌어안은 채
잔물결에 하늘을 담고
숨죽여 흐르는 호수를 보며
젖어오는 눈망울 주체하지 못하고
어리석게 굵은 눈물방울 줄줄이 엮어 갑니다

아직도 내게
흘릴 눈물이 남아있었던가
눈물의 의미를 찾아 보지만
아무것도 내게
남아있는 게 없었습니다

아마
호수에 담긴 하늘이
너무 고왔나 봅니다

# 파도

끝없이 펼쳐진 바다
하늘과 맞닿은 곳도 까마득한
그 바다 가운데서
검푸른 물결 뒤척이며
오랜 세월 쌓아놓은 울분을 본다

산더미만 한 파도
하얗게 부서지는 포말이 그리는
꿈같은 그림 속에
바다는 고운 옥색으로 다시 태어나
흩어지는 포말 끌어안고
깊은 바다로 숨어들기를 반복하고
하늘조차 끓어오르는 분노 주체 못해
뒤엉킨 인간사 원망하며
바다를 삼키려 두 팔 벌린다

밀려오는 물결이 솟아오를 때
온 몸 부서지듯 요동하고
출렁이는 파도는
잃어버린 생명 되찾으려는 듯
포효하며 세상을 흔드는데
태풍이 동무삼아 데려온 바람은
모든 것 뒤집어 놓고 호령하려나 보다

유난히 바람이 센 날
비바람 속에서 바라본 파도는
두려움 부여안고 평온을 기다린다
하늘로 치솟는 포말이
희망을 노래한다

제3부 마음에 부는 바람

## 밤의 소리

모두
깊은 잠에 빠져
숨소리조차 사그러드는 밤

하늘 언저리 어디쯤
한 조각 잃어버린 채 높이 오른 달이
눈 비비며 떨어져 나간
한 귀퉁이 찾고 있을 때

졸고 있던 불빛
게슴츠레한 눈으로
갈잎 떠는 소리 삼켜버리고

움츠러든 달빛 그러모아
창가에 둥지 틀면
드리워진 커튼 사이로
스멀스멀 그리움이 숨어들어
방 안 가득 채운다

## 11월이 오면

어느새 코스모스 하늘거리던 거리
억새가 출렁이던 산자락
곱게 물든 단풍잎도
모두가 서둘러 떠나버리고
어쩌다 잡은 손 놓치고 덩그마니 남은
연분홍 코스모스
외로움 견디려 바람과 손잡고 눈맞춤한다

몸부비며 속엣말 나누던 억새는
윤기 잃고 사그러들다
떨어진 단풍잎 사각거리며 건네는 말 한 마디에
긴 목 늘어뜨린 채
졸여오는 가슴 햇살로 다독이다
지친 듯 주저앉는 11월

가슴 싸아 하도록
휑한 들판을 가로질러
난
떠나는 가을 치마 끝에 매달려
긴
여행을 떠나고 싶다
빨갛게 물든 가슴 태우고 싶다

# 나, 그리고 너

1. 나

바다를 보며
꿈을 꾸고
하늘 보며 날갯짓하는 나

빨갛게 물들어가는 단풍잎에
설렘이 움트고
우수수 떨어지는 낙엽을 보며
찔끔거리는 나

눈 내린 거리 걸을 땐
가슴에 뒤엉킨 응어리 도닥여
하얀 눈 속에 묻어 버리고
잿빛 하늘가로
긴 한숨 날려 보내며
봄내음 같은 미소 한 줌 주워오는 나

어느새
겨울이 깊어지기도 전에
가슴에선
새 순이 꿈틀거린다

2. 너

언제부턴가
웃음이 조금씩 흔들리더니
늦가을 산자락처럼
휑한 바람이 일기 시작했지

바라보던 눈빛이
말라가면서
뒹구는 낙엽처럼 바삭거리더니
어깨를 나란히
한 곳을 바라보던 시선
조금씩 어긋나고
두 눈 마주치면
당황하는 눈길
찻잔을 잡은 두 손이 파르르 떨렸어

차마 돌아서지 못하고 맴도는 너
마음은 벌써 먼길 떠나고
내 앞엔
빈 형상만 남아있어
차라리 내가 돌아선다

## 오늘

거울에 비춰진 내 어깨
한쪽으로 기운 걸 보니
그리움이 고개 들었나 봐

마른 눈이
자꾸
창 밖에 머무는 건
기다리는 소식이 있는 걸까

구겨진 종이 귀퉁이에
늘어나는 낙서
이 해가 저물기 전에
붙이고 싶은 편지 있는 게지

일 속에 잠시 찾아든 짬

술렁이는 가슴에 놀라
구름뒤로 숨어버린 태양
오후의 나른함 속에 시간이 숨을 멈춘다

## 어느 날 아침

찬바람이 잠시
숨을 고르고
밤새 끓어오른 희망의 닻
수평선에 내리며 떠오르는 태양 한 눈 판 사이
꽁꽁 언 인심
틈새 비집고 들어앉아 녹이려나
세상 둘러멘 신의 은총
허공을 가르는 안개 되어 맴을 돕니다
아직 보듬고 가야 할 고통
흩뿌려진 잔영들
뽀얗게 피어나는 능선따라 휘돌아가며 춤추고
산 귀퉁이 한 켠엔
묻어두고 돌아서야 하는 사연
웅크린 채
몸 둘 바 모르고 허둥대는데
추위에 떨며 발구르는
새벽의 비명은
안개사다리 타고 하늘 오르다
가물거리는 세상
질긴 인연
떨쳐 버리지 못하고 주저앉고 맙니다

## 그래도 내겐

손잡고 돌아가는 시곗바늘이
만나고 헤어짐을 반복하며
스쳐지나는 인연
세월의 허리춤에 끼워 놓더니
한 장씩 떼어낸 달력이
마른가지에 힘겹게 걸쳐있는 잎새처럼
가볍게 흔들리며
한 해 마무리 할 준비를 하고
이맘때면 흰 눈이 쌓이듯
가슴에 차곡차곡 늘어나는 후회와 아쉬움
거센 파도처럼 밀려와
몇 날 남지 않은 섣달 투정 뒤덮더니
하얗게 부서지며 숨 고릅니다

그래도 내겐
나눌 수 있는 사랑이 있고
움트는 행복이 있어
기우는 해가 슬프지 않고
답답할 때 달려갈 바다가 있기에
다가오는 해를
기쁨으로 맞이할 수 있습니다

## 섣달 상념

마음에 간절한 님 그리듯
기다리던 첫눈이
숨죽인 발자욱 따라
하얗게 쌓이더니
허전한 가슴 한 켠 얼어붙은 눈꽃
차가운 햇살 디딤돌 삼아
하늘에 오르던 날

섣달은
돌아서는 동짓달 등에
흩어진 낙엽 쓸어모아
편지를 썼습니다

바스락 소리에 놀라 움츠린 단풍잎
마른 입술 오므려 이별을 노래하고
살포시 내려앉은 흰눈은
칼바람 두려워 웅크린 채
만남을 그려가는데

난
따뜻한 커피잔 두 손으로 감싸쥐고
묻어둔 그림자 더듬어 가다
그리움에 목이 메고
코끝에 머물던 커피향
밀려든 바람에 흩어집니다

## 그리운 이여

겨울이 이리 긴 줄 몰랐습니다

녹슨 레일 위를 달리다
덜컹거리는 가슴 외면한 채
간이역 한쪽에 정차한 낡은 기차처럼
텅 빈 가슴에
녹아내리는 눈이 눈물인 양 젖어드는 건
아마도 당신을 향한
그리움 때문이겠지요

인연의 끈 놓지 못해
실오라기 하나씩 끊어져 나풀대는데
당기면 행여 끊어질까 두려워
늘어뜨린 채 바라만 보는 마음
이 겨울 지나면
주섬주섬 거둬 들인 마음 자락에
소리없이 오실런지요

그리운 이여!

아직
싸늘한 투정의 들먹거림이 조심스러워도
오늘처럼 햇살 고운 날엔
하늘 언저리 어디쯤 머무시겠죠

이젠 꼽아갈 손가락도
세어볼 나날도 남지 않았지만
가슴에 걸쳐진 그리움
그 소매 끝에
당신이 계십니다

그리운이여
그리운
내 사람이여!

제3부 마음에 부는 바람

## 생각만 해도

아직
목마름에서 헤어나지 못해 까칠한 나무들이
힘겨운 겨울나기에 지쳐가고 있는 요즈음
안개 걷히면서 남겨진 흔적이
기다림에 막혀버린 숨결 터 줄 수 있을까

도망치듯 달리는 시간의 흐름 속에
허둥대는 몸짓과
가늘게 떨리는 눈꼬리에
삶의 막바지에 다다른 두려움이
꼬리표처럼 매달려 흔들린다

이젠 한 숨 돌리고 앉아 잔잔한 음악에 묻혀
향짙은 커피를 마시며
등걸에 걸머졌던 짐 내려놓고
매듭풀어 펼쳐보자

흐릿한 기억 주섬주섬 그러모아
가슴 찡한 트럼펫 선율에 실어보면 어떨까

찻잔에 남은 커피향처럼
고운 향내나는 기억을 추스려
남은 시간은
꽃내음 가득한 기억만 담아가자

## 제4부

## 기다림 끝에 묻어오는 그리움의 향처럼

# 적막

침묵의 시간들
어디로 어떻게 흘러가는지조차 알 수 없는
순간순간이
마냥
나래를 펴고 하늘을 난다

아무런 구속도 없이
생각의 실타래 풀어가며
한 올 한 올
행여 엉킬까 조바심 할 필요없는
가라앉은 삶의 올가미에서
처음으로 건져낸 홀가분한 순간들

뻗어가는
사고의 줄기에
바람 한 점 없는
고요의 줄을 타고 돋아나는 잎

흔들림도
거침도
재너머 세상구경 떠난 듯
가슴 속 묻혀있던 빛바랜 기억들이
스멀스멀 기어나와 날개를 단다

살아온 날이 그네를 타다
두 손 놓아버리고 떠난 상상의 세계
숨죽이고 삼켜가던 언어는
어느새
훨훨 날아 시야를 벗어나고
짝짓기하던 낱말들이
얼룩진 옷 벗어 던지고
하나 둘
곱게 단장하고 날갯짓한다

오늘은
어디쯤 머물러 잠을 청할까
하늘 가득 메운 언어의 파편들
해지기 전에 머리 둘 곳 찾는다

제 4 부

기다림 끝에 묻어오는 그리움의 향처럼

## 어디로 갈까

묶였던 사슬 풀어
처음 넘어 본 담장

곱게 핀 코스모스 길을 따라
무작정
달려온 이곳

그저
주어진 자유가 마냥 좋고
기계처럼
틀에 맞춰 돌아가던 시간 벗어남이 좋아
발목을 조이던 사슬의 흔적이
벌겋게 덧남도 잊어버렸다

빈 몸으로
빈 가슴으로
이제 어디로 갈까

무작정 걷고 싶다

한적한 길 위에
나무그림자 길게 눕는다

# 돋보기 세상

손바닥 들여다 보며
작은 세상의 틀에 살자

손등이야
흐르는 세월이 씻어 주겠지

코 앞의 세상
이렇게 밝은데 뭐......,

제4부 기다림 끝에 묻어 오는 그리움의 향처럼

## 어떤 인연

사람은
하늘의 연(緣)으로 만나
땅의 연(緣)으로 사랑한다 했던가

만남은 분명
하늘의 뜻이라 했다

오늘은
잿빛 구름에 가려 빛을 잃었지만
곧
쪽빛의 나래를 펴겠지

만남의 기쁨을
가슴에 담아둘 수 없어
무작정
하늘 향해 소리치며 가슴을 연다

손끝에 묻어나는 아픔의 골짜기에
귀퉁이부터 삼켜지는 햇자락은
이제 시작된 인연의 몸짓이던가

두려워 마라
다가오는 걸음
짙어지는 살내음
주어진 시간
감사하며 사랑하리라

행여 등돌린다 하여도
함께한 순간의 설렘과
남은 흔적 보듬어
다시는 오지않을지라도
가슴 깊이 간직하자
그것이 사랑이었음을 떠올리며 웃음짓자

메마른 가슴
적셔준 시간 감사하면서.......,

## 나는 어디에

시간의 흐름이 멈춘 것일까
조금은 낯설고
빌려 입은 옷처럼 어색하지만
쉼을 찾아 날아든 이곳은
조용한 이국 땅

짊어졌던 짐 어딘가에 내려놓고
홀가분한 어깨에
난
조심스레 날개를 달았다

날아보자
초행길의 두려움
낯가림으로 인한 어려움
두고온 아쉬움이 발목 잡아도
훌훌 벗어 팽개친 굴레
뒤돌아보지 말고
힘차게 날갯짓 해 보자

날아온 곳은 어딜까
궁금해 하지도 말고
두리번거리며
굳이
쉴 자리 찾지도 말자
그저
현실을 박차고 올라 맘껏 날아가자

오늘은 허물을 벗고
예쁜 나비가 되어
산 넘고 바다 건너
낯선 곳에서 힘찬 날갯짓 해 보자

한 번쯤은
하늘 향해 심호흡하고
저고리 앞섶 풀어보자

하늘이 참 곱다
두 눈 가득
고운 하늘로 채우자꾸나

## 왜 몰랐을까

우린
서툰 것이 참 많다

보내고 맞으며
따뜻한 말 한 마디 건네지도 못하고
맞물려 돌아갈 쳇바퀴도
톱니바퀴 빠진 채 뒹구는 가슴

외롭다는 말 한 마디
세상구경 못하고
잘린 몸뚱이 아파할 줄도 모른 채
내 몫이려니 생각하며
오랜 세월
참 멀리도 왔다

모난 곳 둥글리고
깨진 조각 맞추며
떨어져 나간 파편 손잡고 찾아다
짜맞추기 해 가며 살 수도 있었건만
우린, 구름이 가린 하늘을
잊고 살았나 보다

검은 구름이
비 뿌리고 가면
눈부시게 파란 하늘이 보인다는 걸
왜 몰랐을까.

아마
내게 주어진 건
두 팔 벌려 한아름 구름인가보다

그런가 보다
차마 눈 뜨지 못하고
어둔세상만 끌어안았나 보다

햇살이
참
눈부신데......,

제 4 부  기다림 끝에 묻어오는 그리움의 향처럼

## 나 어릴 적

초가지붕 아래
옴닥옴닥 모여 살던
나 어릴 때

아랫목에 펼쳐진 이불 아래
발 뻗고 둘러앉아
티격태격하던 아이들

툇마루 한 쪽 귀퉁이에서
촘촘히 떠 있는 별 가슴에 담으며
고된 시집살이 삭이던 어머니
삼켜지는 한숨에
웃어젖히던 웃음 허공에 날고

희미한 전등불 아래
책만 끼고 살아오신 할아버지 굽은 등이
서럽기보다
편안해 보이던 어릴 적 밤

사그라드는 화롯불 뒤척이며
방안 가득했던 한기
망건으로 한 번 걸러
매캐한 숯향으로 채웠던 기억

삼대 열 식구의
구구절절 익어가던 사연들도
묵은 이야기로 돌아와 빛바래는 아쉬움 속에
아직도 내겐
숨어버린 별만큼 남은 얘기 많고
한겨울에도 느껴지는
온기가 있다

제4부 기다림 끝에 묻어 오는 그리움의 향처럼

## 기다림의 끈을 놓고

멀지도 않은 길 돌고돌아
정수리 하얗게 물들어
설움에 흐느낄 때에야
그림자에 가려
햇볕이 서럽도록 그리운
그루터기에 걸터앉아
거친 숨 가다듬어 가슴 달래고
짓무른 눈꼬리 훔치는 손길
파르르 떱니다

손 내밀면 닿을 듯
부르면
돌아서서 대답할 것 같던
그 가깝고도 먼길

세월 접어가던
손마디 둔탁해진 자리엔
하늘 바라보며
빛 잃어가는 별 가슴에 묻느라
군살 배긴지 오래고
가물가물
조금씩 희미해져 가던 기억
마지막 숨 몰아 쉽니다

이제
내딛을 발걸음 놓을 자리 없어
뒤축 헤지도록 맴돌던 자리에
멍에처럼 달려있는 기다림 내려놓고
접었던 날개 펴, 하늘에 올라
떠나지 못하고 주춤거리는 눈물
구름 위에 뿌려봅니다

비가 옵니다
세차게 비가 옵니다

## 어떤 기억

무딘 가슴 풀어헤쳐
옷고름 끝에 매달린 세월 되짚어가던 어느 날

듬성듬성
얼룩으로 남겨진 나날 중에
명치 끝
휘어진 갈비뼈 틈새엔
삶의 긴 행로에서 술래된 기억
두 눈 가리고
무궁화 꽃이 피었다고 웅얼거리며
등돌리고 달음질하던
젊음의 낱알들
긴 그림자 밟고서서 숨을 곳 찾는다

미처 둘러보지 못한 사연 하나
술래 손에 잡혀 끌려가다
풀린 고름에 걸려 휘청일 때
앞섶에 끼여둔 낡은 쪽지
발길 잡는다

가끔
아픔으로 몰아치며
온 몸 흔들어 놓는 한 조각 기억
아직도 끝나지 않은 굴레여......,

## 입맞춤

긴 잠에서 깨어나
햇살을 거울삼아 단장하는 나뭇가지
이제
오랜 목마름에서 숨돌려
줄기마다 물질하려 채비하는데
겨우내 찬바람 맞으며
눈꽃으로 주린 배 채우던 마른 잎
모두 떠나버려 휑한 가지 끌어안고
흘릴 눈물 한 방울까지 겨울 속에 묻어버리고
싹 틔우려 빠끔히 열린 가슴
움츠러들까 안쓰러워
버석거리는 몸 추슬러 바람막이 되었더니
아직은 싸늘한 햇빛
그 고운 자락 휘감고 깨어난 싹
수줍음에 파르르 떨다 마른 잎에 입맞춘다

성큼
봄이 문턱을 넘는다

## 바람이 되고 싶어

둘러싸인 벽 그 속에서
종이조각 만지작거리고
연지곤지 찍듯
꾹꾹 눌러대는 도장

책상 한쪽엔
어지러이 쌓인 서류가
뒷머리를 압박하고
컴퓨터화면 들여다보다
뻑뻑해진 두 눈 비벼가며
시간을 갉아먹는 나날
이제 그만
굴레 벗어버리고 날아가고 싶다

바람이 되었으면……,

지금껏
사슬에 매어 쳇바퀴 돌리느라
하늘이 만들어
햇살 뿌려진 자리
간간이 빗물 받아마시며 곱게 가꿔진 곳
훌훌 벗어버리고 떠나고 싶다

그러다
잠깐 머무는 자리에
치맛폭에 담아간 꽃향기 풀어놓고
답답한 가슴 풀어헤쳐
세상을 마시고 싶다

나
바람이 되었으면…….,

제 4 부

기다림 끝에 묻어오는 그리움의 향처럼

## 아카시아꽃이 피었습니다


5월이 문을 열자
제일 먼저 반겨주는 꽃
흐드러지게 피어
세상 가득 향기로 채우며
가슴에 찌든 때 씻어주려는 듯
바람결 따라 흔들리며 코끝에 머뭅니다

아카시아꽃이 피었습니다

하얗게 덮인 나무는
지난겨울
칼바람 속에 피운 눈꽃처럼
마른 가슴 헤집어 단비를 내립니다

꼭꼭 닫았던 창문
살짝 밀어
비구름이 던져버린 촉촉한 바람 따라
진한 꽃향기 불러들여 군내나는 가슴 채우고
꿈틀대는 그리움
세월 거슬러 소풍 보냅니다

아카시아꽃이 피었습니다

까칠한 가슴에
물질이 시작됩니다

## 내 삶의 둥지

내게 주어진 시간
손바닥 위에 올려놓고
손가락 틈새로 새는 일상의 파편을
가슴으로 거르고
눈으로 쓸어 모아
찢긴 상처 보듬고
뒤틀린 설움 다독여
이제껏 쌓아 온 무영(無影)의 탑

봄날 춤판에
엇갈려 돌아가는 너와 나의 시선에
눈맞춤 하려 애쓰는 기억의 치맛자락
되비쳐 드러난 삶의 얼룩이
왜 이리 아픔으로 다가올까

지나온 세월 위에
흔적으로 남겨진 주름살 위로
날갯짓하는 일상 속에
숨은 듯 걸쳐진 웃음
햇살 고운 날
나들이 하려 떠나고
패인 주름 위
덩그마니 남은 행복 한 움큼
젖은 눈가 맴돌다 입꼬리에 걸렸다
살포시 번지는 미소
꽃내음 가득하다

## 내 맘을 아니

오랜 기다림 속에
숨죽인 시간들
속앓이 하던 겨울 떠나보내고
조각구름 아래
길게 누운 그림자 깨워
긴 산고 끝에 선혈처럼 터진 너
행여 길 잃을까
부둥켜안은 꽃잎이
하늘을 품는다

눈물처럼 하늘거리는 꽃술마다
다닥다닥 맺힌 사연
끝나지 않은 그리움의 행렬에
슬그머니 끼어들어
짓무른 눈꼬리 끌어올려
기억 한 줌 내려놓으면
붉은 꽃잎
젖은 눈에 물들어
눈물처럼 흐르고
하늘 가득 흩어진 매화향
줍던 가슴엔
어느샌가
잊었던 얼굴 꿈틀댄다

# 참 멀기도 하다

언제부턴가
잡히지 않는 네 모습
가슴 터질듯한데

씽씽
겨울바람 몰아치는 길 어귀
아득한 그곳에
네가 지난 흔적 어른거리고
속눈썹에 매달린 눈물
되비쳐 눌러앉은 두 눈엔
잊힐까 두려워 다가가지 못하는
안쓰러움이 울렁인다

연기로 사라진 하늘 언저리
내 시선 맞닿은 곳에
아직도 따스한 온기 남았으련만
참 멀기도 하다
이승 뒤로하고 떠난 길

제 4 부

기다림 끝에 묻어오는 그리움의 향처럼

## 매화꽃 피던 날

간간이 비가 내리던 날
새 순이 트고
꽃단장 하는 것도 모른 채
눈길 한번 주지 않았건만
외로움 떨쳐내고
꽃봉오리 열리는 고통
빗 속에서 다섯 꽃잎 파르르 떤다

부러진 가지 설움이
꽃술에 매달려
빗방울 튕겨내며 허공에 묻히고
숨어버린 태양은
구름 뒤에서
갓 피어난 매화향 더듬어온다

나를 바라보던 네 눈
흥건한 눈물 속에 되비치던 하늘이
왠지
덩달아 슬퍼 보이던 것처럼
젖은 꽃잎
팔 벌리고 끌어안는 세상이
마냥 가슴 저리다

## 3월의 향기

반쯤 감긴 눈으로 내다보는 세상이
뿌연 안개에 잠겨
이제 막 헤집고 나온 꿈길로 되돌아가는 듯한 아침

터질 듯 부푼 꽃망울이
잎보다 먼저 세상구경 서두는 3월이
가슴에서 몸짓하던 때가 언제였을까

그렇게
꽃향기보다 한 발 앞서 드리운 봄이
어느새
길게 뻗은 가지 끝에
작은 꽃 하나 피운 가슴

겨우내 얼었던 땅
미움 걸러낸 마음처럼
묶인 사슬 풀어내 질척거리는 오솔길엔
온 산 흔들어대듯
솔향기 덧붙인 흙내음 속에
파릇파릇
옷 갈아 입는 풀잎 부산 떨고
남녘에서 불어오는 바람결엔 꽃향기 가득합니다

3월의
멋진 꽃사위에
어설픈 추임새 끼어듭니다

## 내 가슴에 먼저 왔네요

시린 가슴이
을씨년스럽게 출렁이던 나날
수없이 비껴가며
서럽도록 처절한 꽃향기
한 줌씩
꼭 그만큼씩 흘리고 가버린 세월

푸름이
기다림 끝에 묻어오는 그리움의 향처럼
시간의 덧망에 걸려
조금씩 눈 떠가고
겨우내 품었다
온몸 찢기는 산고 끝에
숨 돌리고 세상 바라보는 새 순

어느새 가버린 예순 날
손꼽아 보려다
한 발 앞서 가슴에 둥지 튼 봄자락
가녀린 손짓에
외면했던 하늘 바라보며
두 눈 가득 햇살 담았더니
가슴 한 귀퉁이 살포시 열리며
그 햇살 그러모아
곱게 엮어갑니다

# 어느새 3월이

봄의 길목에선
보내고 떠나는 이의 마음이 비켜가고
풋풋한 바람은
긴 여행길 따라
겨우내 잠에 취해
허우적대던
가슴 한 켠 웃음보
벌어진 입술 사이로 조금씩 흘리며
세상을 뒤집어 놓는다

훌쩍 고개 넘는 3월
남녘에 가득한 꽃향기
서둘러 오르는 능선마다
지난겨울 까맣게 잊고
웃자란 둔덕의 풀잎에 입맞춤하고
꽃술에 묻어나는 그리움 찾아 헤매는
벌들의 추임새 따라
날개 밑에 숨겨진 사랑
햇살 다리 삼아 하늘로 오른다

## 꽃비 내리는 날

햇살 아래 졸던 바람
새들의 날갯짓 소리에 놀라
허공에서 춤을 추면
봄바람 쐬던 꽃잎
뽀얀 가슴 드러내고
색 바랜 치맛자락 여미며
꽃비 되어 내려앉네요

바람의 손길에 끌려
흩어지던 꽃잎이
어지럼 호소하며 잠시 머문 가지에
햇살 한 줌 내려와
찢긴 상처 어루만져 눈물 걷어가고
꽃비는
아픔 아랑곳없이
하얗게 내립니다

바람이 머물렀던 자리에
응어리처럼
꽃무덤 하나
눌러 앉았습니다

# 꽃편지

하늘빛 곱고
유난히
햇살 눈부시던 날

하얀 꽃잎이
바람 부둥켜 안고
사랑 고백하던 날

온 세상에
꽃눈 내리고
그 속에 내가 서있다

# 그런가 봐

아마
그럴 거야
내려다본 세상
하 어지러워
꼭꼭 움켜쥐었던 손 펼쳐
하얗게 덮어 버리는걸 거야

깨지고
터지고
덧난 세상사
오래 전
하늘에 오른 이
세상인연 끊지 못해
차곡차곡 쟁여두었던 시연
열어젖히나 봐

기쁨도
슬픔도
행복도
그 틈에 끼어든 아픔도
말없이
쌓이고 쌓이잖아

그래
그런가 봐
차마 눈뜨고 볼 수 없는
그런 일 있어
말할 수 없는 사연 있어
서러운 듯
서러운 듯
그렇게 내리고 있나 봐

시간도
가슴 달구던 심장도
싸늘히 식어가는 오후

눈이 와
소복소복 쌓여

제4부  기다림 끝에 묻어오는 그리움의 향처럼

## 내리는 눈 속에

바람소리
유난히 가슴 시리더니
끝내 옭아맨 끄나풀 내던지고
숨죽인 울음 우는구나

눈물조차 하얗게 말라붙은
쓰라린 눈가
젖은 속눈썹 위로 내려앉는 눈발은
몸도 추스르기 전에 녹아내리고
하고 싶었던 말은
쌓인 눈 위에서 흔들리다
잠들었는가

아직도 눈은 내리고
떠날 채비 서두르다 떨군
그리움 한 조각
그 위로
소리없이 눈이 쌓인다

**서평**

한효순 시인 제 3시집
[햇살을 찾아 하늘로 오르며] 작품해설

# 사유체계의 인지능력, 그 치열성이 돋보이는 서정의 언어미학

전형철 (시인·문학평론가)

한효순 시인 제 3시집
[햇살을 찾아 하늘로 오르며] 작품해설

## 사유체계의 인지능력, 그 치열성이 돋보이는 서정의 언어미학

전형철 (시인·문학평론가)

첫 시집 [그런 사람 있습니까](모던포엠), 두 번째 시집 [산등성이에 걸린 추억](자유문예)에서부터 한효순의 시는 지독한 자기성찰의 자세를 줄곧 유지하고 있다. 그에게 있어서 자기성찰은 자연과 현실을 새롭게 바라보는 심미안을 열어줌으로써 '시작법'의 근원적 바탕이 된다. 이는 자연을 마주할 때와 현실과 부딪칠 때도 한결같은 마음으로 시인의 의식과 영감을 지배한다. 어쩌면 이러한 일관된 자세는 종교적 윤리관에서 비롯된 신앙적 결정체인지도 모른다. 따라서 그의 시는 자연과 현실의 종교적 승화에 '궁극적 관심을 두는 형이상학적 특성도 아울러 지니고 있다.

이번의 제3시집 [햇살을 찾아 하늘로 오르며] 역시 자연과 현실을 바라보는 시인의 내면이 도저한 자기성찰로 가득함으로써 더욱 성숙한 면모를 보여주고 있다. 자연을 외적 대상으로만 인식하지 않고 그것을 내적 세계로 변용시키거나, 일상적 현실의 한가운데 있으면서도 언제나 반성하는 사유를 잃지 않으려는 그의 시적 태도는 사뭇 예사롭지 않다. 때로는 이러한 뚜렷한 시적 의도가 지나치게 표면화됨으로써 교훈성을 쉽게 노출해 버리는 구조적 결함을 드러내기도 하지만, 시의 진정성이 점점 훼손되어가는 오늘날의 시적 지형에서는 이러한 성찰적 태도야말로 오히려 가장 소중한 덕목이 된다는 점을 결코 간과해서는 안 된다. 현대에 와서 시는 자기반영성을 두드러지게 드러낸다. 이는 자연과 현실에 대한 단순한 모방 혹은 반영의 차원을 넘어 대상을 내면화함으로써 '성찰'의 차원으로까지 심화하는 뚜렷한 양상을 보이고 있다. 대립과 갈등으로 말미암은 불화의 징후는 점점 더 현실화되고, 권력의 안온함에 빠져버린 중심의 타락이 더욱 극에 달하고 있는 것이 지금 우리 사회의 엄연한 현실이다. 적어도 시인은 이러한 사회를 향해 당당하게 제 목소리를 낼 수 있는 용기가 있어야 하고, 벌거벗은 몸으로 자신을 스스로 냉정하게 성찰하는 겸허함을 아울러 지녀야만 한다.

한효순 시인에게서 시를 쓰는 일은 삶 그 자체이며 자기의 본질을 진실되게 규명하는 일이다. 한 마디로 삶의 테두리 안에서 끈적거리는 삶의 요소들을 연동시켜 형상화하고 있다. 인간은 체험을 통하여 과거를 비판하고 미래를 예상하며 자신의 삶이나 실체를 확실하게 한다. 릴케는 『시는 체험이다』라고 정의했었다. 인간의 삶 자체가 체험이라면 삶이 곧 시라는 의미로도 해석될 것이다. 이러한 인간의 체험은 그 특성에 따라 어떤 모습으로건 재생되어 모든 이에게 다시 전달되어야 한다. 시의 경우 언어라는 도구를 통해 작자의 선험적(先驗的) 이미지를 전달하게 된다. 현대인의 삶은 점점 감정이 메말라 가고 그 의미마저 퇴색해 가지만 재생된 언어는 이러한 우려를 최소화할 뿐만 아니라 새로운 감동의 세계로 안내한다.

시는 언어를 표현 수단으로 하는 예술이다. 언어는 이미 존재하고 있는 사물들을 표현하는 기호로서만이 아니라 죽어 있거나 잊혀져 가는 물상(物像)들에게 새 생명력을 부여해 주는 중요한 기능을 지닌다. 언어의 성격이나 색깔은 우리의 생각을 보다 긍정적으로 끌어올릴 수도 있고 예술적 감동을 선물하기도 한다. 충실한 시의 독자이자 시의 창조자인 한효순 시인의 서정을 모태로 한 감각적 언어미학을 탐색해 보자.

아직 겨울이 멀었는데
손이 시리다

손가락 마디마디가 얼음에 담긴 것처럼
손이 시리다

아니 어쩌면
가슴이 시린 것일 것이다

찢기는 달력이
비수처럼 박히던 그때부터
한풀 꺾이는 더위는
단골손님처럼 외상 줄 긋기 시작하고
늘어나는 작대기만큼
난
쪼그라들기 시작한다

아침저녁으로
서늘한 바람 불라치면
버릇처럼
조막만해진 가슴이 시려온다

손이 시리다
혈관 속에 얼음이 찬 듯
마디마디가 시리다

[손이 시리다] 전문

"찢기는 달력이 /비수처럼 박히던 그때부터 /한풀 꺾이는 더위는 /단골손님처럼 외상 줄 긋기 시작하고 /늘어나는 작대기만큼 /난 /쪼그라들기 시작한다."이야말로 자연의 이법(理法)에 가장 가까이 다가가는 것이다. 이는 "사람의 머리와 가슴으로는 쉽게 생각하지 못하는 깊은 뜻"을 내포하고 있다. 따라서 시인은 자연과 인간의 구분이 사라진 동일성의 세계를 지향함으로써 자연의 이법과 신비에 더욱 가까이 다가가고자 하는 데 있다. 시간과 시인이 합일성을 이루고자 하는 마음과는 달리 지표의 선상에서 수평으로 내닫는 순간들은 진행형인 반면, 모든 것이 개별화되고 파편화되어버린 삭막한 현실의 중심부를 살아가고 있는 시인은 누구보다도 간절히 "따스한 때"가 찾아오기를 기다리며 고단한 삶의 실체성을 내면화함으로써 서정적 비전을 창출하는 방법으로 쏜살처럼 달아나는 세월의 허망함을 구체화하고 있다.

"아침저녁으로 /서늘한 바람 불라치면 /버릇처럼 /조막만 해진 가슴이 시려온다 // 손이 시리다 /혈관 속에 얼음이 찬 듯/ 마디마디가 시리다."라고 고백하는 것은, 시간과 인간의 의식 소통의 갈망을 형상화한 것이라고 할 수 있다. 이를 통해 "아직 겨울이 멀었는데 /손이 시리다 //손가락 마디마디가 얼음에 담긴 것처럼 /손이 시리다 // 아니 어쩌면 /가슴이 시린 것일 것이다."라고 진술하는 시인의 성찰은 '시간'의 의미를 되돌아보는 데서 부터 출발한다. 여기에서 말하는 '시간'은 탈인간적이고 세속적인 가치에 얽매여 진정한 인간성을 잃어버리고 살아가는 현대인들에 대한 시인의 내적 성찰을 육화한 것이다. 예시에서 충분히 느낄 수 있듯이, 이번 시집에서 그의 성찰은 대체로 지난 인과관계와 새로이 조우하는 인연들을 매개체로 다루어지고 있다.

*손바닥만한 가슴에 옹이처럼 박혀*
*도드라진 그 자리에*

어쩌다
싸한 바람 한 점 걸터앉으면
내 안에선 눈물처럼 서리 내리고
갈라진 상처 틈새로
가시박힌 기억의 찌꺼기 스며들어
칼바람 치마폭에 세월 거두더라

소리조차 낼 수 없어 서러운 이름
앙다문 어금니 비집고 새어나온 신음 소리가
지나온 날들의 좌판 위에서
빛 잃은 채 갈지자로 걷곤 해

아직도 옹이처럼 박혀있는 너의 이름
가끔 아주 가끔은
도드라진 그 자리에서 샘이 솟아
뽀글뽀글 작은 물방울 하나가득 실려있는 행복에
전율을 느끼고
그 짧은 순간이 버팀목 되어
난
붉게 물든 노을처럼 온몸 사르며
사각사각 시간을 갉아먹는다

[너의 이름] 전문

   인간에게 있어 만남과 헤어짐의 과정은 육체적·정신적 성숙을 이루는 진화의 성격을 지니고 있지만, 이러한 인과관계의 이면에는 순수성을 훼손시켜버리는 지극히 세속적인 현실의 유혹이 곳곳에 은폐된 것 또한 엄연한 사실이다.

수많은 현실의 속악함에 내몰린 채 끊임없이 윤리적 선택과 가치 판단을 강요당하는 갈림길에 서게 된다. 예시에서 시인은 이러한 과정의 힘겨운 통과제의를 "너의 이름"이라는 매개체를 통해 속악한 세계와의 일정한 거리를 유지함으로써 "너의 이름이 남긴 지난한 삶의 상처를 시로 천착해 시인의 순수성을 견고하게 지켜내는 "나의 이름과 같은 기능을 하게 하는 것이다. 또한, 시인은 "내가 아닌 너."라는 이름을 통해" 인연을 주목함으로써 화해의 세계를 지향하려 하고 있다

세상에 대해 칼날을 세우고 사람을 미워하는 마음이 어떤 것인지 과도기적 일탈을 진정시키고, "둥근 것과 둥근 것이 만나면 늘 화해와 아름다움만 있다"는 사실을 깨닫게 함으로써 "아직도 옹이처럼 박혀 있는 너의 이름 /가끔 아주 가끔은 /도드라진 그 자리에서 샘이 솟아 /뽀글뽀글 작은 물방울 하나 가득 실려있는 행복에 /전율을 느끼고 /그 짧은 순간이 버팀목 되어 /난 /붉게 물든 노을처럼 온몸 사르며 /사각사각 시간을 갉아먹는다." 라는 언술로 상처로 남은 인연을 포용하는 아름다움을 사실성 있게 표현한다. 인용시뿐만 아니라 이번 시집에 수록된 "인연"을 재제로 한 시편들은 이러한 모티프를 통해 현실의 모순을 이겨내는 통과제의적 면모를 아주 효과적으로 형상화해 내고 있다.

    *길게 누운 풀잎 눈이 멀고*
    *빨간 접시꽃 긴 허리 휘청이다*
    *천둥소리에 움츠러든 자리에*
    *물안개 피듯*
    *소리없이 고개 드는 건*
    *억겁의 세월 돌고돌아 인연의 늪에 빠진 그리움일게다*

              [비 지난 자리]일부

서평

네가
내 안에 자리한 후

봄을 기다리며
옷깃 여미는 새 순처럼
가슴에
설레임이 출렁여

마른가지 위
걸터앉은 네가
유난히 눈부신 날

사랑이 싹튼 자리
네가 있어 따스해

널
사랑해

    [네가 있어]전문

그동안
잠자고 있던 기억의 알갱이들이
사르륵사르륵
새색시 치마 끄는 소리처럼 소복이 쌓이는 눈 속에서
기지개 켜다 놀란 듯
줄기마다 쌓인 눈 더듬어가다
당신의 젖은 눈 마주쳐

*가슴에 한줄기 싸한 바람 들이밀며*
*눈꽃 사연 줄줄이 엮어 가네요*

[ 언젠가 만나면 그때] 일부

　인간의 조화로운 삶과 함께하는 "그리움", "인연", "사랑"이든, 아니면 끊임없이 인간의 삶을 방해하거나 황폐하게 하는 "늪", "젖은 눈"이든지 간에, 모든 인연의 조우를 "애잔한 그리움과 융융한 흐름의 애정."으로 여김으로써 대립과 갈등, 차별과 분별이 사라진 통합적 세계를 지향한다. 따라서 시인은 "길게 누운 풀잎 눈이 멀고 /빨간 접시꽃 긴 허리 휘청이다 /천둥소리에 움츠러든 자리에 /물안개 피듯 /소리 없이 고개 드는 건 /억겁의 세월 돌고 돌아 인연의 늪에 빠진 그리움일게다." 라며 베풀지 않으면 뜻이 없는 것이라는 "참다운 인성"의 중요성을 강조하고 있다.
　이러한 시적 경향은 종교적 성찰을 내포함으로써 하느님 백성으로서의 만민평등의 정신에 바탕을 두고 있기도 하다. 서로 감싸안고 서로 의지하면서 조화로운 공동체의 세계를 지향하는 것이야말로 서정시의 세계관에 다름없다. 한효순 시인의 시가 지니는 미적 특성은 시를 시답게 구조화하는 뚜렷한 전략이 따른다. 성찰의 시선을 직접적으로 표면화하기보다는 구체적 사물과 대상의 내적 속성에 기대어 이를 드러내는 것이 훨씬 감동적으로 다가온다는 점을 깨우치고 있다. "네가 /내 안에 자리한 후 //봄을 기다리며 /옷깃 여미는 새 순처럼 /가슴에 /설레임이 출렁여 //마른가지 위 /걸터앉은 네가 /유난히 눈부신 날 /사랑이 싹튼 자리 /네가 있어 따스해 //널 /사랑해 "라는 진술을 통해 생명의 희열과 자연의 충일감을 형상화한 [네가 있어]는 상당히 돋보이는 작품이 아닐 수 없다. 즉 그의 시는 섣부르게 교훈을 앞세우거나 관념을 전달하는 시보다는 구체적 정물과 대상을 통해 자신의 내면을 미적으로 형상화할 때 가장 높은 시적 성취를 이루어내고 있는 것이다. 특히 눈 내리는 정경을 구체적으로 형상화한 "언젠가 만나면 그때."는 이러한 그의 시의 특장(特長)을 가장 잘 보여주는 것임이 틀림없다.

너와 나
우리라는 이름으로 발걸음 맞춰
세상을 밝히자 했었는데
난
외길 따라 살아온 삶의 더미에
언제부턴가
갇혀버린 것 같아

마음은
너와 함께 하늘을 나는데
이리저리 묶인 채 자갈까지 물렸는지
모두를 잃은 것 같아
너와 나
한 곳을 바라보며
고운 꿈 엮어가자 했었는데
이만큼 세월이 흘러
둔탁해진 손놀림으로 찾아가는 길 위에
한 번 쯤
어디선가 마주치는 날 있지 않을까

오랜 기다림과
마르지 않는 그리움
그 깊은 연정 한 귀퉁이 떼어내
서로의 가슴에 새겨온 나날

> 모든 걸 뒤로하고 떠나기 전
> 한 번 쯤
> 스치고 지나는 인연이라도 허락될 수 있을까
>
> *[그럴 수 없을까] 전문*

결국, 시인에게 스치고 지나는 인연은 현실적 인간으로서의 자아의 모습을 비추는 거울과 같은 상징성을 지닌다. 그래서 시인은 "우리라는 이름으로 발걸음 맞춰" 사랑을 꿈꾸고, "마음은 /너와 함께 하늘을 나는데 /이리저리 묶인 채 자갈까지 물렸는지 /모두를 잃은 것 같아."라며 언술하고, "너와 나 /한 곳을 바라보며 /고운 꿈 엮어 가자 했었는데 /이만큼 세월이 흘러 /둔탁해진 손놀림으로 찾아가는 길 위에 /한 번 쯤 /어디선가 마주치는 날 있지 않을까."라며 "인연의 크기를 생각하기도 한다. 이처럼 스치고 지나는 인연들은 시인을 끊임없이 성찰하게 함으로써 자아와 세계의 동일성으로서의 서정적 주체를 뚜렷하게 제시한다. 시인은 이를 실현하기 위해서 무엇보다도 일상적 자아의 모습을 송두리째 변화시키는 내적 성찰을 동반해야만 한다는 사실을 가슴 깊이 새기고 있다. 일체의 현실적 욕망을 버리고 타자를 향한 적대감마저 내적으로 승화시킬 때 비로소 "그럴 수 있을 때"가 오리란 확신이 시인의 마음 깊숙이 온전히 자리 잡고 있는 것이다.

다음에서 인용한 예시를 살펴보면 이러한 성찰의 시선은 일상적 사물을 바라보는 시인의 예사롭지 않은 감각에서도 발견된다. 그는 생활 속 가까이에 있는 여러 일상적 사물들을 바라보면서도 그것들을 내적으로 승화하는 태도를 보이고 있다.

> 왠지 포근하다 했는데
> 정오 무렵

하늘이 꾸물거리더니
쌓인 그리움 차올라 골목 어귀마다 점 찍어 놓듯
눈이 내린다

칼바람에 맺힌 설움 많았던가
내려앉으며 흘리는 눈물 온 몸 적셔 오는데
사그러든 눈꽃 위에 핀 눈물꽃은
촉촉이 스며들다 길 위에 구르며
가는 길 재촉한다

저 만치엔 여전히 눈이 내리고
내린 눈은
침묵의 시위 하듯 나를 적신다

[눈을 맞으며 가는 길]전문

    불확실한 일상을 통하여 우리의 영혼은 상처를 받고 그 상처의 몸부림을 통하여 치유될 수 없을 것 같은 통증을 앓기도 한다. 우리는 삶의 자의적 모색으로부터 멀리 떨어져나와 패배의식과 불협화음 혹은 모순의 실체와 투쟁적으로 살아갈 수밖에 없다. 이런 과정 속에서 "피폐해진 영혼을 구제하는 길은 무엇일까."하고 누구나 생각하지 않을 수 없다. 이런 내면적 성찰의 시간 속에서 피폐해진 영혼을 감싸 안으며 포용하고 저당잡힌 시간의 단절을 운위롭게 하려는 시인의 각고의 노력이 이 시를 쓰게 하였으리라고 본다.
    "칼바람에 맺힌 설움 많았던가 /내려앉으며 흘리는 눈물 온몸 적셔 오는데 /사그러든 눈꽃 위에 핀 눈물꽃은 /촉촉이 스며들다 길 위에 구르며 /가는 길 재촉한다."라는 진술을 통하여 삶의 정당성을 잃어가는 위기의 국면을 모면하고자 힘차게 역설적으로 얘기하고 있다. 일상의 모순 속에 잠겨 그 일면마저도 찾기 어려운 부재의 현실을 감내하며 그 해악 속에서의 진실의 내면을 찾으려는 시인의 전언을 듣는다. 이미 메말라버려 박제되었거나 침탈의 늪에서 사라져가는 모습들을 떠올리며 그 생존을 위한 지평의 확대를 꿈꾸는 것이다.

"저 만치엔 여전히 눈이 내리고 /내린 눈은 /침묵의 시위 하듯 나를 적신다."는 자아고백을 통하여 세상의 거대한 슬픔이 나를 덮쳐올지라도 순결한 내 영혼을 자신으로부터 떠나보내지 않겠다는 단단한 각오와 세상사의 쟁의를 설득력있게 내포하고 있다. 이런 결의를 통하여 삶의 정당성을 회복하고 격파되어버린 오늘의 심각성을 다시금 환기시켜 주고 있다. 시인은 시인 자신의 영혼과의 대화를 통하여 이를 읽는 독자로 하여금 독자 자신도 그 세계에 함몰되어 버리도록 하는 표현전략을 보여주고 있다. 이런 가능태는 한 마디로 오늘을 살아가는 현대의 소시민적 일상의 버거움을 솔직하고 담백하게 그려냈다는 데에 있다고 본다. 물리칠 수 없는 파편적 일상의 다양함에 비하여 그만큼 생각하고 추스를 시간적 여유와 마음의 여유 또한 찾기 힘들기 때문이다.

*지난 기억의 첫 걸음에 비스듬히 걸친 채*
*숨죽인 파편 속에*
*눈 길 주는 것조차 잊었던*
*마음 저 깊은 곳에 자리한 사람*

*세월의 흔들림 속*
*미동없이*
*가슴 한 켠 지켜주던 사람*

*듬성듬성 흰머리 늘어진 틈새로*

하나 둘
주름이 겹칠때에야
내 인생의 선물인 걸 알아차린 사람

이제껏
땅을 딛고 서서
같은 하늘 바라보며
하늘 저 편
내 숨소리 전해질 줄이야……,

[그런 줄 몰랐어] 전문

 우리의 의식 속에 잠재하는 아픔과 상처 등 불편한 것들에 관하여 시인은 어느 순간 망각의 지평으로 날려보내고자 하는 심정을 노래하고 있다. 많은 기억 중에서도 지워버리고 싶은 것들에 관하여 그 절망을 지우려하나 오히려 그것들은 더욱 가세하여 아픔을 더해 오고 있는 것이다. 기억의 수많은 편린 중에서 시인이 얘기하고 있는 바와 같이 불편함의 장애가 되는 것들에 관한 질타를 통하여 새롭게 희망을 설계하는지도 모를 일이다.
 "지난 기억의 첫 걸음에 비스듬히 걸친 채 /숨죽인 파편 속에 /눈길 주는 것조차 잊었던 /마음 저 깊은 곳에 자리한 사람."에서 느끼는 바와 같이 시의 이미지는 상처와 아픔을 거느리는 무수한 지경의 연민을 말하고 있다. 그 연민으로부터의 탈출은 "이제껏 /땅을 딛고 서서 /같은 하늘 바라보며 /하늘 저편 /내 숨소리 전해질 줄이야……,"라고 진술하고 있다.
 인간이면 누구나가 느낄 수 있는 마음의 맑고 흐림 속에서 그 진저리쳐지는 기억의 한탄을 깨부수고자 하는 심정이 "그런 줄 몰랐어."를 통하여 드러나고 있는 것이다.

한효순 시인의 시의 특징은 외부세계로부터의 확보되는 긴장과 응시를 통하여 현실의 압도된 좌절과 침통한 우울 등을 발산하는 과정에서 빚어지는 다양한 징후들이 시의 기반이 되고 있다. 때로 엉킨 실타래처럼 그것은 풀 수 없는 것들이거나 간단히 물려낼 것들이거나 간에 시의 실존적 내면화의 기층을 이루고 있는 것만은 분명한 사실이다. 만남과 이별의 혼돈 속에서 그 통증은 치유의 방책을 찾기도 하고 때로는 소멸을 위한 대상으로 환치되는 길을 찾기도 한다.
　우리는 한효순 시인의 작품세계에서 보듯 "찌르르한 고통"이나 "감당키 어려운 무게에 짓눌린 육신" 등을 통하여 시인의 심상의 그늘이 되었거나 지워져가는 그늘이 무엇인가를 유심히 살펴볼 필요가 있다. 이런 근원적 정신세계를 통하여 시로 육화되고 재설정되는 것이 작품의 핵심을 이루고 있음을 알 수 있다. 일상의 단편적 삶의 분별들을 보다 섬세하게 파악하고 그 언표들의 대응방식을 산출해내는 과정에서 이런 진지성은 시인 특유의 담론을 이루고 있다. 시인은 자신의 삶을 통하여 다양하게 얻어진 상상력의 저간에 깔린 무수한 힘의 발화를 통하여 시를 창작하고 있다. 비교적 어두운 이미지의 시가 많기는 하나 대부분 결론부에 가서 시의 건강성을 위한 희망과 광명의 이미지를 취하고 있다. 이런 다양한 사유체계의 인지능력의 치열성이 한효순 시인의 시에 서정적 언어미학의 감성을 불어넣어 주고 있다. 그것은 마음의 상처와 고통, 때로는 치유될 수 없을 것 같이 저돌적으로 몰려와 쓸쓸하고 모순된 자의식에 사로잡혀야 하는 모습으로까지 진전되기도 한다. 그러나 이런 아픔을 감내하는 다양한 시상의 전개 속에서 세상을 아는 정당성을 확보하고 영원한 희구의 빛을 향한 길의 향방을 찾아 예리한 감성의 필치로 엮은 제3시집 [햇살을 찾아 하늘로 오르며] 상재에 격려와 축하의 말씀 전한다.

*햇살을 찾아 하늘로 오르며*

| | |
|---|---|
| 인쇄 | 2011년 11월 13일 |
| 초판 1쇄 발행 | 2011년 11월 15일 |
| 지은이 | 한효순 |
| 펴낸이 | 전형철 |
| 편집 | GAP |
| 웹디자인 | 김태완 |
| 펴낸곳 | 모던포엠 출판부 도서출판 **채운재** |
| 후원 | 월간 모던포엠, 세계모던포엠작가회 |
| 주소 | 100-861 서울시 중구 충무로2가 49-8 (서울빌딩 202호) |
| 전화 | 02-704-3301 |
| 팩스 | 02-2268-3910 |
| 손전화 | 010-9184-5223 |
| 이메일 | mopo64@hanmail.net |
| 정가 | 10,000원 |

※ 작가와의 협의하에 인지는 생략합니다
※ 파손및 잘못된 책은 교환해 드립니다